Wieder keine Anspielstation

Jürgen Roth, geboren 1968, lebt als freier Autor in Frankfurt/Main. Letzte Buchveröffentlichung (zusammen mit Thomas Gsella und Heribert Lenz): »So werde ich Heribert Faßbender«, Essen 1995. *Klaus Bittermann*, geboren 1952, lebt in Berlin und ist mal Autor, mal Verleger. Letzte Buchveröffentlichung: »Geisterfahrer der Einheit. Kommentare zur Wiedervereinigungskrise«, Berlin 1995.

Edition
TIAMAT
Deutsche Erstveröffentlichung
Herausgeber:
Klaus Bittermann
2. Auflage. Berlin, 1996
© Verlag Klaus Bittermann
Grimmstr. 26 — 10967 Berlin
Druck: Schwarzdruck Berlin
Buchumschlag unter Verwendung einer Zeichnung von
F.W. Bernstein
ISBN: 3-923118-89-9

Jürgen Roth
Klaus Bittermann (Hg.)

Wieder keine Anspielstation

Fußballexperten
Die Kommentare des Grauens

Mit Zeichnungen von
Achim Greser und Heribert Lenz

Critica
Diabolis
59

Edition
TIAMAT

»Was dieses phantastische Spiel an Werbung für den Fußball gebracht hat, ist nicht wieder gutzumachen.«

Eberhard Figgemeier

»Auch ohne Matthias Sammer hat die deutsche Mannschaft bewiesen, daß sie in der Lage ist, ihn zu ersetzen.«

Marcel Reif

»Die Chancen, man kann sie an den Fingern einer Hand abzählen, wobei vier auf das Konto der Rostocker gehen und zwei auf das der Gäste.«

Unbekannt; im Radio gehört am 2. Dezember 1995

»Der Paß kam nicht ganz an.«

Ernst Huberty

»Das Strafraumgeschehen hat noch nicht zum entscheidenden Erfolg beider Mannschaften beitragen können.«

Hans-Peter Pull

»Das muß die Mannschaft natürlich jetzt positiv aufnehmen im Sinne einer Sofortverstärkung, um jetzt auch das Ergebnis zu verbessern.«

Günther Koch

»Ich glaube, wir können jetzt umschalten, der Rasen ist in einwandfreiem Zustand.«

Ady Furler

»Köpke, das erste mal ernsthaft gefordert, aber so ein Ball läßt sich auch schön halten.«

Béla Réthy

»Smith, ein Name, den man sich merken muß.«

Ernst Huberty

»Das Spielfeld ist völlig überflutet von Anhängern des FC Liverpool. Das spricht nicht für die Disziplin, wohl aber für die Begeisterung und die Begeisterungsfähigkeit. Aber das ist halt nicht die Art und Weise, was wir wünschen. Wir gönnen jedem sein Tor, aber den Anhängern gönnen wir genauso ihren Platz auf den Stehrängen.«

Ernst Huberty

INHALT

»Da schwebt auch schon Apollo 13 ins Stadion ein!
Mit an Bord, das darf ich Ihnen verraten,
der neue WM-Ball und der Fifa-Präsident...«

Fußball in homöopathischer Dosis
Eine Beschwerde

Klaus Bittermann

Der Verdacht, der Mensch sei weniger ein denkendes als vielmehr ein leidendes Wesen und der Masochismus sei weiter verbreitet als bisher angenommen, befällt mich immer dann, wenn ich beim Zappen auf das nackte Grauen treffe, auf Peter Alexander, auf Michael Schanzes *Flitterabend* oder Jörg Wontorras *Bitte melde Dich*. Nein, das können sich die Leute doch nicht antun, klammere ich mich verzweifelt an meinen Glauben an die Menschheit, aber vergeblich, denn tief im Innern weiß ich, sie tun es freiwillig, und sie tun es gern.

Diese Welt des Terrors halte ich mir spielend mit einem Knopfdruck vom Leib. Nur am Samstag um 18 Uhr auf Sat1 bin ich ihr ausgeliefert, weil ich die Spiele der Fußballbundesliga nicht verpassen will. Dann starten in *ran* abwechselnd drei geklonte Monsterchen einen Angriff auf mein zentrales Nervensystem. Fußball wird zwar nur in homöopathischen Dosen verabreicht, als Häppchen und dabei nicht mal als besonders appetitliche Häppchen, aber jeden Bundesligasamstag bin ich schweren Herzens wieder mit dabei und in dieser Zeit telephonisch für niemanden zu erreichen. Wenn ich mir nämlich überlege, wie viel von der »Sat1-Fußballshow. Ein Genuß mit Beck's« eigentlich aus Fußball besteht, also aus laufenden Bildern mit Ball und Spielern, die grätschen, flanken, dribbeln, dann muß ich zugeben, von einem Genuß kann auch mit dem »Spitzen-Pilsener von Welt« kaum die Rede sein. Was mich dennoch bei der

Stange hält, ist eine vage und oft schon enttäuschte Hoffnung auf ein paar Minuten hinreißender Strafraumszenen, auf elegante Pässe, bestechende Soli und Tore zuhauf, die mich so entzücken, daß mir sogar die Kommentare des Grauens nichts mehr ausmachen.

Nur mit Mühe habe ich es übrigens geschafft, die drei von der Tankstelle auseinanderzuhalten, und jahrelang weigerte ich mich, mir ihre Namen zu merken oder sie einem bestimmten Gesicht zuzuordnen. Sehnlichst wünsche ich mir, daß dieser Mann, der gerade den Bildschirm ausfüllt, aus dem Verkehr gezogen oder ausgewechselt wird. Gewechselt aber – so ertappe ich mich bei einem häßlichen Gedanken – werden immer nur die Jacketts, die mehr Profil und Individualität besitzen als das, was aus ihnen hervorlugt und worauf sich ein rheumatisches Dauerlächeln gelegt hat, welches heftige Zustimmung zu was auch immer signalisiert, aber durchaus auch als das erste Anzeichen einer Magenerkrankung diagnostiziert werden könnte.

Mit einem »'n Abend. Hallo. Schönen guten Abend. Ich begrüße Sie recht herzlich« betritt einer der drei Grinsemänner die Studioarena und wird dabei ohne erkennbaren Grund von einem Publikum beklatscht, das überall dorthin drängelt, wo es ein Schnäppchen zu machen gibt oder eine Kamera surrt, und das dennoch vorher mit einem Animateur üben muß, damit die Begeisterung auch »richtig echt und spontan rüberkommt«. Wem kann das Vergnügen bereiten, Leuten dabei zuzusehen, wie sie in die Hände patschen, johlen und pfeifen, frage ich mich, während der Champion aller Blöden mit den tadellosen Zähnen, die er während der gesamten Sendung in die Kamera bleckt, beschwichtigend die Arme ausbreitet, um gleich »voll loszulegen«, wenn der Applaus verebbt.

Ich ahne nichts Gutes, aber schon werde ich von einer Anmoderation überrollt, in der der Strahlemann erste Kostproben seiner Originalität und seines Witzes über mich auskübelt: »Und der Kleinste, ein ganz Großer am Ball, hat eine dicke Lippe riskiert.« Ha, das kann nur

»Icke« Häßler sein. »Werner Hansch erzählt.« Nein, bitte nicht, Erbarmen, fleht meine innere Stimme, doch vergeblich. Werner Hansch. Der Schreckenskumpel für alle, die noch nicht gänzlich das Rad ab haben und bei dessen Kommentaren ich die Tauben beneide, denn sie wissen nicht, was Werner Hansch redet. Werner Hansch, für den die Sprache nur eine Knetmasse zur Formung von möglichst bizarrem Quark ist, ist bei der nun folgenden Spielzusammenfassung jedoch nicht das einzige Problem, das es unbeschadet zu überstehen gilt. Denn keinesfalls wird jetzt etwa Fußball gezeigt wie früher, als die Kamera noch unprätentiös auf das Spielfeld gerichtet war. Oh nein! Der »Spielbericht« befaßt sich nämlich höchstens zur Hälfte mit dem Geschehen auf dem Rasen. Die andere Hälfte zeigt lange Schwenks über gut besuchte, aber auch weniger gut besuchte Stadien, der Schiedsrichter wird in Nahaufnahme herangezoomt, der Platzwart darf einen Grüßaugust in die Kamera tun, die VIP-Loge steht unter ständiger Sat1-Beobachtung für den Fall, daß einer der Prominenten gähnt oder sonstwie das Gesicht verzieht, und glücklich ist die Regie vor allem über Bilder, auf denen einer aus dem gemeinen Fußvolk beim Nasepopeln oder beim wenig appetitlich anzusehenden Verzehr einer Currywurst ertappt wird. Die große Vorliebe gilt jedoch spontanen Emotionen und diesem ganzen Sich-an-den-Hals-seines-Gegenübers-Werfen, wenn ein Tor fällt oder fast gefallen wäre. Bei dem Torschützen und seinen Mitspielern will ich nicht kleinlich sein, aber warum muß man unbedingt mit den Reaktionen auch noch der Vereinspräsidenten, der Manager, Trainer, Co-Trainer, Ersatzspieler und einzelner Zuschauer beste Sendeminuten verschwenden? Nein, ich kann diesen Aufnahmen nichts abgewinnen, und glücklich bei den unermüdlichen Spekulationen, ob »das unbewegte Gesicht des Kaisers« nun dit oder dat zu bedeuten hätte, sind nur meine Füße, denn die sind währenddessen eingeschlafen.

Zurück im Studio hagelt es wieder Applaus, vermutlich weil die Zuschauer dankbar dafür sind, daß es sie gibt. Maximal zwei Spiele werden hintereinander gezeigt, dann übernimmt der Werbeblock die Moderation, die, wenn ich es mir recht überlege, auch nicht schlechter ist als die von den Pausenclowns zwischen Twingo, der die Welt verrückt macht, und der längsten Praline der Welt. Zwar kann ich jetzt den Ton abschalten und mich in der Küche mit Leckereien versorgen, um die mir zugefügte Unbill zu kompensieren, aber würde ich bei jedem Werbeblock Nachschub anschleppen, mir wäre am Ende der »Fußballshow« vermutlich totschlecht. Die Neugier aufs nächste Spiel zwingt mich außerdem, immer mit einem Auge zu verfolgen, was sich gerade auf dem Bildschirm tut. Und wenn schließlich die Blondine auftaucht, um Marcel Reif dabei anzuhimmeln, wie er sich ein Bier hinter die Binde kippt, dann wird es langsam Zeit, den Ton wieder anzustellen.

Mit dieser Programmstruktur könnte ich ja vielleicht noch leben, aber die Sendung wird obendrein noch mit Werbung in eigener Sache vollgepackt, die mich mit maschinengewehrartiger Musik für »Täglich Sport bei ran« bestreicht und dabei frech von sich behauptet, man sei »kompakt, komplett, kompetent«, wobei der Sat1-Dichter mit der Neigung zur Alliteration zumindest beim letzten Wörtchen hemmungslos übertrieben hat. Bei komplett muß ich immer an »komplett durchgedreht« oder »komplettieren Sie selbst« denken, und bei kompakt verfalle ich ins Grübeln, aber mir fallen beim besten Willen keine Vorzüge ein, die ich mit dem Wörtchen in Verbindung bringen könnte, höchstens als Euphemismus für dick. Aber was ist eine dicke Sendung?

Zum Nägelkauen für zwischendurch gibt es dann noch »Super Q«, früher auch »Super Berti« genannt, das Mazda-Gewinnspiel für Mazda-Menschen mit einem Mazda-Werbeblock. Einen Mazda bekommt derjenige, der ein Kreuzchen an die richtige Stelle malen kann bzw. so unnütze Dinge weiß wie z.B., welchen Beruf Lothar Matthäus einmal erlernt hat. Aber nicht genug, daß ich nun immer dann, wenn Lothar Matthäus auf dem Bildschirm erscheint, unwillkürlich »ah, der Raumausstatter« denken muß – die Auflösung der Preisfrage wird obendrein als Kalauer dargereicht: »Jetzt wissen wir auch, warum sich Lothar Matthäus so gut im freien Raum bewegt.« Oha!

Nicht besonders schön finde ich auch diese Kurzinterviews mit Spielern, die verschwitzt und direkt vom Spielfeld weg vor das Mikrophon gezerrt werden, um sie aufs Glatteis zu führen und sie zu Situationen zu befragen, die jeder Zuschauer doch viel besser beurteilen kann, weil man sie in slow motion und aus zehn verschiedenen Perspektiven beäugen konnte. Als Andreas Möller in flagranti bei einer Schwalbe im Strafraum erwischt wurde und der sich zu dem Regelverstoß auch noch trotzig bekannte, da hießen die mit Fairplay bis obenhin vollgepumpten Ehrenmänner alle mit Nachnamen Wichtig-Wichtig, und dabei sind sie doch die ersten Nutznießer der Tatsache, daß Fußball auch aus solchen Dingen besteht und daß sie einpacken könnten, wenn das nicht so wäre.

In solchen »kritischen Situationen« sind sie ganz bekennender Gutmensch; sie schwafeln mit umflorter Stimme von der Glaubwürdigkeit, die auf dem Spiel steht, und traktieren ihre Gesprächsopfer mit altbackenen Ratschlägen: mit gutem Beispiel vorangehen, Verantwortung übernehmen und Vorbild für die Jugend sein. Dabei tun sie so, als würden sie Hochbrisantes ausplaudern und ihren Job riskieren, aber riskieren tun sie nur zustimmendes Blöken. Nun kann man diese netten und freundlichen Worte auch auf anderen Kanälem rund um die Uhr hören, weil sie zum Standardjargon von Politikern und Journalisten gehören. Aber was hat das alles in einer Sportsendung zu suchen?

Wenn ich wählen sollte zwischen Gutmenschenweihrauch und Investigativjournalismus à la: »Was sagt ihr Körper zur Dauerbelastung Bundesliga?« oder: »Ist da eine größere Verletzung im Anmarsch?«, ich wäre ratlos. Denn auf diese Fragen will ich keine Antworten, sondern gräme mich ob dieser Menschen, die für die Sprache gerade mal die Sensibilität einer Bratpfanne aufbringen, mit der sich ordentlich zuschlagen läßt, auf daß es auch richtig scheppert und dröhnt. Nicht daß sie ungehobelte Rabauken sind – gegenüber ihren Studiogästen sind sie durchaus zuvorkommend, aber ihre Höflichkeit ist aufdringlich und eigentlich nur dazu da, die Gäste davon abzuhalten, die Flucht zu ergreifen. Und selbst wenn sie »danke« sagen, klingt das nicht sehr überzeugend, denn dafür gebrauchen sie es zu inflationär. Ständig vor Dankbarkeit überzuschäumen, immerzu »danke schön«, »vielen Dank« und »herzlichen Dank« zu deklinieren und an jeden ganz speziell herauszuprusten, das macht kein Mensch, der weiß, was höfliche Umgangsformen sind, sondern nur einer, der allen kundtun will, was für ein toller Hecht er ist, weil er sich mit allen dufte versteht und jedermanns dicker Kumpel ist. Vielleicht tanzt hier einer aber auch einfach nach der Melodie von »Danke für meine Arbeitsstelle« und glaubt deshalb, sein joviales Getue möglichst penetrant in Szene setzen zu müssen.

Mit flotten Sprüchen, die sie auf kleinen Kärtchen notiert haben, werfen die flotten Drei um sich, ich aber gehe instinktiv in Deckung, wenn ich hören muß, daß sich die Spieler von Werder Bremen »mal so richtig die Meinung gegeigt haben« oder »der Mann ein irre gutes Abwehrverhalten hat«. Habt ein Einsehen, möchte ich ausrufen, aber sie sind noch nicht fertig. Unerbittlich lassen sie mich an ihrem permanenten Begeisterungstaumel teilhaben, und egal was, sie finden es »toll«, »wunderbar«, »phantastisch«, »herrlich«, »fabelhaft«, »großartig«, »einfach klasse«, »einfach Spitze«, »einfach irre«, »einfach suuuuper«. Jedes Wort ein Schlag unter die Gürtellinie, und langsam geht mir die Luft aus. Nur wenn sie sich schließlich »vom Acker machen«, dann steckt in dieser scheußlichen Redeweise wenigstens eine frohe Botschaft. Dann habe ich wieder eine Woche Zeit, um mich zu regenerieren, denn ich weiß, der nächste Spieltag ist immer der schwerste.

14

Analys'? Annelies und Alois!
Die Champions der Champions League:
Franz Beckenbauer & Günther Jauch

Norbert Thomma

Diese kleine Schrift hat einen hohen aufklärerischen Anspruch. Sie möchte bewirken, daß im Fragebogen des *FAZ-Magazins* als verachtenswerteste Figuren der Weltgeschichte nicht mehr nur das öde Duo »Hitler und Stalin«, wahlweise »Stalin und Hitler« auftaucht. Ja, wenn dort erstmals von zwei anderen ruchlosen Schändern zu lesen sein wird, dann, nur dann soll es den bebenden Lippen alttestamentarisch entfahren: Es ist vollbracht!

Zur Aufnahme der Beweisführung blenden wir uns sofort an einem Mittwochabend ins Programm von RTL ein:

Jauch: Guten Abend.

Beckenbauer: Hallo.

Jauch: Wenn man das Viertelfinale erreicht hat wie die Dortmunder, ist das eigentlich so'n Ansatz, wo man sagen kann, das ist ein richtig schönes Spiel, was wir heute sehen werden, oder dämpft das dann auch so ein bißchen.

Beckenbauer: Ja, ich glaube, den großen Zauber werden wir nicht erleben. Es wird doch mehr oder weniger ein Freundschaftsspiel sein. Ja, sicherlich, die Dortmunder werden heut' sicher auf Sieg spielen, aber nicht so sehr, weil sie jetzt den Sieg dringend nötig haben, es geht, wie Sie richtig sagen, um das Publikum, es ist sicherlich ausverkauft, es geht um einskommazwei Millionen Mark.

Jauch: Und sie ham's versprochen, daß sie richtig also anziehen wollen, und sie haben es mit einem Mann zu tun, Paul Gascoine. Der wirkt wie Buffy Ettmayer für Arme.

Beckenbauer: Ja, er wird unterschätzt, ja, das war ein paar Jahre früher. Er ist fülliger geworden, aber er wirkt sehr beweglich, wie man in der vorhergehenden Szene gesehen hat.

Jauch: Au ja, hähähä.

Beckenbauer: Hähähä.

Jauch: Ich denke, wir gehen mal ins Stadion rüber. Und schauen mal, was Ottmar Hitzfeld sagt.

So geht das. So geht das weiter. So geht das immer. Es ist hier nämlich nichts gekürzt oder aus dem Zusammenhang gerissen oder bösartig ausgewählt. Keine derartigen Vorhaltungen, bitte. Alles O-Ton. Alles genau so dahergeschnurrt vom »Liebling des Publikums« (*Kölner Stadtanzeiger*) und der »Lichtgestalt des deutschen Fußballs« (Burkhard Weber, RTL).

Günther Jauch also, einerseits. Er wird an diesem Abend noch sagen: »Ich schlag' vor, daß wir jetzt noch 'ne kleine Pause machen, ich kann Ihnen sicherlich schöne Spiele versprechen, denn in den anderen Gruppen ist es wahnsinnig spannend..., wir sind gleich wieder da«; und: »Wir sind gleich wieder da und äh melden uns dann wieder pünktlich mit dem Anpfiff der zweiten Halbzeit«; und: »Und wir machen's für den Moment einfach ganz kurz. Gleich die Analyse von Franz Beckenbauer«; und: »Ich denke, daß wir jetzt noch mal eine kurze Unterbrechung machen, daß wir Ihnen dann zeigen, wie die anderen heute gespielt haben, daß wir dann natürlich zu Ottmar Hitzfeld gehen. Ist er sauer, oder sagt er ... Wir sind gleich wieder da.«

So geht das. Hallooooho, seid ihr noch alle daaha?! Weil RTL 210 Millionen Mark bezahlt hat für drei Jahre Champions League, einen Wettbewerb, der in würdigen Zeiten Europapokal der Landesmeister hieß. Das Geld muß wieder rein. Mit Fußballinteressierten allein ist das nicht zu schaffen. Es gilt für die Refinanzierung,

was *Sport-Bild* »absolut topkorrekt« (Steffi Graf) fest-
stellte: »Wie halten wir die deutsche Hausfrau am Bildschirm?«

Durch Prominenz. Naabtal-Duo, Labersack-Duo? Egal.
Also her mit »dem ewigen Jungen Jauch« (*Stuttgarter
Zeitung*), dem Werbeblockwart »mit dem ihm eigenen
Lausbubenblick« (*TV Today*), dem »unentbehrlichen
Günther« (*Süddeutsche Zeitung*), dem »Wunderknaben
vom Dienst« (*Hamburger Abendblatt*). 79 Prozent der
Zuschauer würden einer Umfrage nach den Igelkopf
gern häufiger auf dem Bildschirm sehen – das sagt mehr
über die Republik als jede Kanzlerrede »Zur Lage der
Nation«. Jauch, das ist die Quotenhefe, die den Werbe-
kuchen zum Blähen bringt.

Wie auch Franz Beckenbauer andererseits. Ein ideales
Pendant zum schwiegermutterkompatiblen Günther.
Die Glanzhülle bei der »opulenten Verpackung« (*FAZ*)
einer Fußballshow. Da mag die *taz* noch über den »Sup-
penfranz« lästern, weil dieser als Knorrbrühenlöffler
seine ersten Meriten und Moneten verdiente; längst hat
des Liberos Biograph Hans Blickensdörfer in »Der Kaiser« die denkmalsstützenden Vokabeln eingerammt:
»großer Maestro; Künstler; spanischer Grande; Wunder-
blüte; Reserve-Kolumbus; speiender Vulkan; übergroßer
Schatten.«

So geht das. Vermutlich deshalb donnert es bei RTL
tief und sonor aus dem Off, als rufe Zeus persönlich nach
dem Fußballgott: »Sehen Sie gleich: Die Analyse von
Franz Beckenbauer.«

Ja immer, wird der seinerzeit gesagt haben, *die mach'
ich euch, die Analys'. Ich kenn' doch auch die Annelies,
den Alois...*

Für Aristoteles, mag darauf der RTL-Unterhändler
gesagt haben, *war die Analyse Auflös...*

Ach, der Grieche, wird der Kitzbüheler Golfer unterbrochen haben, *ein technisch guter Fußballer, schaut gut
aus, trennt sich nur zu spät vom Leder, es fehlt der Zug
zum Tor.*

B & J. Die Champions der Champions League. Wundert einen da noch, daß in Meyers enzyklopädischem Lexikon »Analyse« exakt zwischen »anale Phase« und »Anämie« steht?

Zwischendurch halten die zwei von der Flankstelle das Fernsehbild an und krakeln Kringel und kritzeln Striche über Trikots und Grashalme. Das ist Lehrmitteleinsatz in didaktischer Vollendung – Analyse eben. Und Beckenbauer sagt wahrhaftig: »Beide Mannschaften bemühen sich. Man tut sich natürlich ein bißchen schwer, des Spiel zu analysieren. Man muß wirklich die schweren Bodenverhältnisse berücksichtigen. Es ist ein gefrorener Boden. Man sieht, welche Schwierigkeiten die Spieler haben. Sie haben Standprobleme.«

So geht das. Sprechprobleme haben B & J keine. Es quillt und platzt und pufft aus ihnen wie aus einer Popcornmaschine. Die Basis ihres schamlosen Wirkens ist: »Lassen wir noch mal die Tore Revue passieren.« Sagt Jauch: »Mit dem 0:1 ging's los.« Wo bleiben die Blauhelme, die den Fußball vor solchen Meuchlern schützen, diesen Schindern und Quälern? Die wenigstens in einer kleinen UNO-Enklave das schöne Spiel von perfider Sinnvermurksung bewahren?

Sie tun nichts. Die Welt schaut zu. Nur B & J schwärmen nach vollbrachter Tat wieder aus, nachdem sie einen einzigen Kick und Tore Tore Tore zu (wirklich wahr) genau zwei Stunden und 56 Minuten und 58 Sekunden aufgeblasen haben.

Der eine sitzt bis zum nächsten championösen Marterabend *Stern-TV* vor und *Menschen '96* und *Sportstudio*, und wenn er nicht gerade zum »Krawattenmann des Jahres« gekürt wird wie 1991, führt er gegen anständiges Entgelt schon mal durch den bunten Abend einer berüchtigten Drückerkolonne.

Warum nur hält sich hartnäckig das Gerücht, Günther Jauch sei Journalist und überdies ein »kritischer Frager« (*Tagesspiegel*)? Warum nur wollen 49 Prozent aller Frauen ausgerechnet das Krempelohr »als Vater ihrer Kinder« (*Wiener*)?

Der andere verhängt derweil als Präsident von Bayern

18

München über den ganzen Klub eine sog. Pressekontaktsperre, um samstags auf Premiere höchstselbst munter Internes auszuplaudern und Montag früh in *Bild* nachzulesen, was in seinem Namen exklusiv geschrieben wurde. So geht das.

Und die Sendung der Champions geht nach drei Stunden wieder mal ihrem Ende entgegen. B & J stehen in nüchterner Studiokulisse am Pult, die Stimmung aufgeräumt wie stets, und anstatt wüst zu randalieren, applaudiert sich das dummbeutlige Publikum bei jedem »Schaun mer mal« die Hände heiß.

Auf dem riesigen Monitor läßt die Regie eine Borussia-Dortmund-Briefmarke erscheinen, die beiden Pausenclowns für perlweiße Zahnarztfrauen und Milchschnitten gucken begeistert.

B: »Des is suppa.«

J: »Schön, ja. Schön gemacht.«

So ist das. B & J.

Alles nur: Eine Frage der Leere.

»Das Spiel wurde übertragen von
ARD und Bitburger.«

Ein Mann will nach oben
Marcel Reif

Susanne Fischer

»Der Ball geht so hoch, wie es das Stadion zuläßt«, beobachtet der Mann, und der Mann will nach oben. Die anderen sind nur seine Sklaven. Die anderen, das sind: Günthi und Franzi. Die Vorgruppe, im Studio. Sie gehören nicht nach oben, schon wegen ihrer Vornamen nicht, nein, das wird nie was mit den beiden. Dagegen: Marcel. 20 Uhr 26. Ein Mann will nach oben, steht hoch droben auf der Tribüne, im hochgeschlossenen Mantel, die Schultern hochgezogen, in der Hand das Mikrophon. Er sagt was Kluges, das sieht man gleich. Die grau melierten Löckchen weisen stramm in die Höhe, wippen in Stadionluft und Wind: Hoppla, hier steht Marcel. Nicht Marceau (zu leis), nicht Reich-Ranicki (zu laut). Marcel Reif!

Heute spielt er einen Fußballreporter, und er macht seine Sache gut. Schade, daß sofort von Marcel Reif (oben) zum Spiel (unten) geschaltet wird. Da wuseln zweiundzwanzig Männer um den Ball, in kurzen Hosen. Und keiner von ihnen ist so schön, so klug und so gut angezogen wie Marcel. Man ahnt schon, es wird nie etwas aus den zweiundzwanzig. Deshalb müssen sie sich ja da unten quälen, während Reif von oben Zensuren erteilt. »Das war so schlecht nicht!« weiß er zu berichten, wenn einer nur ganz knapp daneben bolzt. Und ein Spieler, der besonderen Einsatz zeigt, »hat mehr als seine Schuldigkeit getan«, wie Kontoführer Reif umgehend verbucht. Denn hier bestimmt er allein, was gut und gelungen aussieht einerseits oder, andererseits, mehr schlecht als recht gemacht wird.

Erst war er Politikreporter, doch die Einschaltquoten haben wohl nicht ganz gereicht. Dann bot die ZDF-Sportredaktion dem Klettermarcel eine vorübergehende Heimstatt, und schließlich fand seine Wanderung ihren vorläufigen Abschluß auf den Höhen von RTL am oberen Stadionrand. Aber reicht das Reif, oder macht der markige Marcel bald in ganz anderen Regionen herum? Sein Lieblingsverein heißt schließlich *Kaisers*lautern! Leider wartet in Deutschland kein Thron mehr auf den Infanten. Vielleicht sollte er nach China wandern.

»Torrr!« ist jetzt, ruft unser Marcel, der auch sonst ein offenes Wort zu schätzen weiß, jedenfalls aus dem eigenen saloppen Munde: Jener habe »losgeledert«, dieser eine »Beziehungskiste« mit dem Trainer, und jene gelbe Karte da sei »so nötig wie ein Kropf«. Falls wir immer noch nicht gemerkt haben, daß heute Professor Lustig moderiert und mit seinen eloquenten Anbiedereien versucht, erst in unser Wohnzimmer und dann in unser Herz einzudringen, sagt er vorsichtshalber das eine oder andere Wort lieber gleich »in Anführungszeichen«, damit man sofort weiß, der Mann hat ja Distanz. Reif sagt Wörter wie »Angstgegner« in Anführungszeichen, mein Fleischer wünscht mir schriftlich ein gutes »neues Jahr« (in Anführungszeichen!) – wo soll das enden, Herr Reif?

Ja gut, ich gebe in aller gebotenen Offenheit zu, daß Kaiserdarsteller Reif ironische Distanz hundertmal besser vermitteln kann als seine ihm eifrig nachwinselnden und quengelnden Kollegen, deren Witze noch jedesmal in die Hose gehen, aber muß denn das sein? Das Fußballspiel ist nun mal ein na? – ein Dingsda, dem sich im Fernsehvollzug bzw. Kommentar nicht allzuviel Esprit abpressen läßt, weil sich, um es vorsichtig auszudrücken, eine Menge dabei wiederholt und das meiste auch ohne weiteres zu sehen ist. Und wenn man einmal etwas nicht genau erkennt, nämlich zum Beispiel wofür, Arschdreck noch mal, es jetzt diesen gottverdammten Freistoß geben soll – dann schweigt noch jeder Mann am

Mikro im allgemeinen konsequent oder säuselt was von »unsere Kabinen zu weit entfernt vom Geschehen«. Ja, wenn man Gott selbst ganz oben sein will, kriegt man eben nix mehr mit. Warum läßt sich ein Kommentar nicht auf sachdienliche Hinweise usw. usf. – jetzt wird es gleich langweilig.

Nein. Nein gut, zurück zum speziellen Marcel: Wieso, frage ich mich spätestens beim Werbeblock, soll ich ausgerechnet diesem Herrn Distanz in der ganzen Angelegenheit trauen, wenn er, eitel und distanzlos wie nur je ein in der Öffentlichkeit herumlungernder und umherkriechender Geck, ganz ohne Anführungszeichen durch eine grünlichen Schleim absondernde Bierreklame eiert, in der er den Prominenten mimt, der er gern wäre? Hemmungslos stellt sich Marcel »Biermann« Reif dort zur Schau, wichtigtuend, männchenmachend, ekelverbreitend von Fernsehgerät zu Fernsehgerät. Sagen muß er ja nix, und jedenfalls das hätte unserm Superschlaukopf zu denken geben sollen: wie er da allein für das Darstellen eines Marcel Wichtig-Wichtig engagiert wurde, ohne etwas anderes tun zu müssen, als seine nun schon aber sehr dubiose Visage in eine Gruppe allerwiderlichster Nichtskönner und Blödgucker zu halten, die man anscheinend auch noch für seine Freunde halten soll – was sie fraglos sind. Nein, der Mann merkt schon lange nichts mehr in seiner einsamen Stadionkabine, in seiner einsamen Villa, auf seinen einsamen Cocktail-Parties und in seiner einsamen Jet-Set-Welt, anders ist das überhaupt nicht zu erklären. Wär's doch wenigstens Waschmittel oder Hundefutter.

Aber nicht doch, ausgerechnet Bier in einer Kneipe – oder besser: einer Gaststätte – mit einer ganzen Runde aufgebrezelter, beinahe noch junger Dumpfbacken; er, Marcel, der Großvater von allen, wird dringend erwartet, doch, ja, der Zapfer zapft schon, als gelte es, Onkelchen Marcel herbeizuzapfen, der dem Bierdunst zwanghaft folgt und direkt von ganz oben (Stadion) nach ganz unten (Tresen) rutscht – richtig, die Fernseh-Fußball-Übertragung läuft ja auch noch in der blank gewienerten Gaststätte, fraglos mit Marcel Reif als Reporter, wenn die Bierwerber auch uns und ihren Knallchargen im Werbe-Spot den Ton ersparen. Ja, als der Schlußpfiff ertönt, werfen die Spieler die Arme in die Höhe, aber Marcel wird direkt zu unverzüglichem Bierkonsum auf den Yuppie-Schrottplatz befördert, segelt durch die Tür mit diesem leicht überlegenen Gesichtsausdruck, der ihn über den Rest der Yuppieheit erhebt und dabei auch ganz ausgezeichnet zur Musik paßt.

Und jetzt kommt's: Alle freuen sich wie dafür bezahlt! Marcel ist da, unser Großväterchen Marcel!! Er soll uns wichtige Dinge sagen, er wird uns heute das Geheimnis des Fußballs enthüllen! Kommt herbei, die ihr sonst nichts mehr mit eurem Leben anzufangen wißt! Einer reißt ihn am tadellosen Ärmel in diese Richtung, ein anderer zwingt ihn durch hinterhältigen Small-Talk dort entlang, oh, Onkel Marcel ist gefragt wie warme Semmeln, grinst und quasselt (dankenswerterweise tonlos) immerdar.

Obwohl er doch eigentlich nur ein friedliches Bier trinken möchte. Jedenfalls in der neuen Version, in der alten wartete da auch eine Dame auf ihn, was möglicherweise mehr Sinn ergeben hätte, aber wohl ein wenig anstößig wirkte, wie Damenfußball oder so. »Heuchelei!« rufe ich aufmerksam wie eh und je, und es geht mir dabei nicht um die Marcel-Anbeterin-Darstellerin. Geheuchelt wird der Durst, denn dieser Sporterklärer, der sich da gerade mit dem Bierkönig verwechselt, tut nichts lieber, als wie ein echter Prominenter stundenlang ganz cool und ohne Getränk mit so viel Bewunderung fertig zu werden. (In der unzensierten früheren Version des Filmchens kommt er konsequent überhaupt nicht bis zum erlösenden ersten Zug.) Oh, wie man sich die Dreharbeiten vorstellen kann. »Also, Jungs und Mädels, ich komme da nach meiner Beziehungskiste mit dem Fußball ganz locker in eure Trinke reingeledert, ihr flippt aus vor Dankbarkeit, ich aber gehe quasi ohne Ball durch euch hindurch zum Tresen (immer lächeln), und dort hebe ich ab, so hoch, wie es das Stadion zuläßt«

– nein, nicht die Bierfirma hat diesen Spot bezahlt. Es war Marcel »das Anführungszeichen« Reif.

Denn am Ende erfolgt die Krönung – er, Marcel, *führt* endlich sein Bier, das mit der Schaum*krone*, an seinen *heiligen* Mund. Daneben *thront* ja seine Prinzessin, die – je nach Version sichtbar oder unsichtbar – die ganze Zeit auf *ihn* gewartet hat. Jetzt hockt er endlich neben ihr und trinkt. Dagegen schafft sie es vor Anbetung nicht, ihr Bier an die eigenen niedlichen Lippen zu setzen. Wie gebannt, erstarrt, gelähmt lächelt sie über das schon gehobene Glas hinweg den tollen Marcel an und kann nicht weiter im Angesicht von so großzügig versprühter Gottähnlichkeit. Denn in Gegenwart des Kaisers sollst du, Mädel, keinen Bierschaumbart tragen. Plötzlich bekommt ihr Lächeln einen Zug ins Boshafte. »Cut!« brüllt im Off der Cut-Brüller, und »Gut gemacht!« säuselt Marcel Reif. Da nimmt die niedliche Dame ihr niedliches Bier und schüttet es über das stolze Reporter-Lockenköpfchen. Das war letztlich so schlecht nicht, aber leider nicht im Bild.

Der perfekte Conférencier
Prince Charming Jörg Wontorra

Kay Sokolowsky

Der Jörg? Ein Prachtkerl! Superkumpel: sowieso! Sie-
benundvierzig Jahre auf dem Buckel, aber die siehst
ihm nicht an. Positive thinking, verstehst! Der strahlt
von innen. Weil, er hat die Sonne im Herzen. Da ist eine
Wärme um den Mann! Ein menschlicher Radiator. Gut
wie Gold. Besser! Ein Pfundstyp, der Jörg, gibt's keine
zwei Meinungen. Hat natürlich einen Mordsschlag bei
den Weibern. »Teflon« haben sie ihn genannt, damals,
bei Radio Bremen, weil: Er hat nichts anbrennen lassen.
Ist aber jetzt ruhiger geworden. Paßt Ariane drauf auf.
Spitzentorte, die: Rassig! Nee, dem Jörg, dem fehlt's an
nix. Vielleicht daß ihm die Zähne bissel schief gewach-
sen sind. Sieht bissel albern aus, wenn er »Spieltag«
sagt. Oder »Stürmer«. Hat dann so gekräuselte Lippen,
ruckt mit dem Oberkörper so komisch nach vorn, weil
jetzt wird's anstrengend, sein Lächeln ist ausgeknipst,
der lächelt ja dauernd, sonst, der Jörg, aber dann ist er
drüber weg und schwenkt wieder die Notizkarten, und
eh daß er wieder »spannend« sagen muß oder »Spaß«,
meldet sich der Hansch, und der hat ja weißgott auch
seine Probleme. Daß der Jörg seine Million macht im
Jahr, jetzt, hab' ich dir erzählt? Hab' ich nicht? Ja, was
glaubst denn, wo der seine Villa in Marbella her hat?
Hart erarbeitet, aber neulich hat das Finanz – stand
überall. Inzwischen hörst nix mehr von. Na ja. Erfolg
schafft Neider. Muß er mit leben. Perlt an ihm ab. »Teflon«, nicht wahr!

Genau. Neben arroganten Ranschleimern wie Beckmann und leutseligen Misanthropen wie Kerner wirkt Jörg Wontorra tatsächlich wie der eine, einzige, der alle an der Pfanne hat. »Er verstellt sich vor der Kamera nicht«, analysiert seine Frau, auch ein Fernsehgewächs, messerscharf, »und das honoriert sein Publikum.« In der Tat. Sie kriegen den Hals nicht voll vom Jörg. »Mein Vertrag mit Sat1«, rechnet er dem *kicker* vor, »beinhaltet 60 Sport- und 30 Unterhaltungssendungen im Jahr.« Außerdem monatlich *Victor – die Sportwahl* fürs DSF und Gastspiele sonder Zahl – Wontorras Geschäfte laufen glänzend, besser als die irgendeines Kollegenklons, und ein Ende ist, wofern kein strafender Gott sich erbarmt, nicht in Sicht. »Ist es nicht alles traumhaft? Ich bin ein Sonntagskind, mein Glück ist komplett!«

Worauf du einen lassen kannst. Ich mein, zehn Jahre lang kaspert er sich in *Brm* einen ab, in *Brm*! Als Untergebener von Faßbender! Und wo er hintritt: Rehhagel. Denn da war ja nicht viel mehr da in *Brm* als: Rehhagel Otto. Lemke noch, okay. Und Koschnick, klar! Jedenfalls überall: Rehhagel! Ist doch kein Wunder, daß der Jörg mal den dicken Hals gekriegt und irgendeinen pseudokritischen Scheiß geseiert hat über Werder von wegen »Arbeitsverweigerung«, weil die Jungs mal nicht so wollten, und wenn er was richtig Böses hätte brunzen wollen, hätt' er doch besser gesagt: Die spielen so, wie Rehhagel redet. Aber damals, in *Brm*, langte das schon. »Arbeitsverweigerung«: Klassiker! Mußt erst mal drauf kommen. Ich mein – *alles* hätt' er den Burschen an den Kopf werfen können; aber Bummelstreik...! War ja wohl das Härteste, was Otto je gehört hat. »*Arbeitsverweigerung*« – da versteht ein Fliesenleger keinen Spaß mehr. Und dann haben sie dem Jörg ein Stadionverbot aufgebrummt, und dann fingen alle an zu heulen von wegen »Zensur!«, und seitdem ist der Jörg der berühmteste Sportfuzzi der Republik; und dann kam ja auch schon das Angebot von *ran*. So war das, damals, mit dem Jörg, und seit der da weg ist, aus *Brm*, läuft eigentlich nix mehr rund in der Stadt. Gar nix! Das sind meine Worte. Klar, der große Fußballanalytiker ist der Jörg nie gewesen. Kann aber auch an Rehhagel liegen. Weil, wenn du da in *Brm* praktisch täglich das gestelzte Gelaber von dem hast hören müssen, da vergeht's dir doch. Jedenfalls: Den Denker hat der Jörg nie raushängen lassen. Find ich okay. Ist in Ordnung. Gibt's andere für.

Die seit Jahr und Tag, seit *ran* den Fußball zurichtet, nur mehr mit Grauen ihre Samstagspflicht erfüllen (und trotz ihrer Distanz dabei jede Woche etwas dümmer werden). Was sie einst an diesen Sport gefesselt hat: daß »die Welt zwar kein Fußball ist, aber im Fußball sich eine ganze Menge Welt findet« (Ror Wolf) – diese famose Offenheit des Spiels für Exegesen aller Art, die aus Dumpfheit und Brillanz gemischte Atmosphäre, die den Fußball auf dem Feld sowohl wie in den Vereinsheimen umwehte... verloren, dahin, zur Hölle gefahren, die Sat1 heißt. Geblieben sind nur die Dumpfheit und Déjà-vus bis zum Erbrechen. Ist die *Sportschau* kaum mehr als illustrierter Hörfunk gewesen, so hat *ran* ernst gemacht und den Fußball in Fernsehen verwandelt; ihn verschlungen und als Werbefläche ausgeschieden. So bunt wie bei Beckmann kam das Spiel unter Faßbender nie daher; so farblos wie seit '92 ist es in der Meisterschaft nie zugegangen. Den Fußball als Show inszenieren, lautet das *ran*-Programm; getreu dem Grundgesetz des Mediums: Die Welt soll eine Seifenoper sein. Und als der perfekte Conférencier dieses Tinnefs strahlt uns Jörg Wontorra an.

»Ich bin nicht mehr der sachliche Sportjournalist«, gibt er leichthin zu, »man muß die Sache gut verpakken.« Daß der Erfinder des Schlachtrufs »Flieg, Albatros, flieg!«, daß einer, der seine Spielberichte am liebsten skandiert ins Mikrophon belfert (»Ein WUNderBAres TOR von KLINsi«), daß dieser Mann sich retrospektiv für einen sachlichen – nein, eben nicht Reporter, sondern: Sportjournalisten hält, mag einen schon wundern. Aber er meint ja was anderes. Erst bei *ran* hat er ungescheut seine Qualitäten ausspielen dürfen, seine Klatschlust, seinen Tweedsakkosex und seine Lachrunzeln; hier erst ließ man ihn sein, was in die *Sportschau* nicht paßte: Prince Charming. »Ich wollte gar keinen Sport mehr machen, damit hatte ich schon abgeschlossen«, erzählt er im selben Interview; und obwohl er hinzufügt, er könne sich »mittlerweile einen solchen Schritt nicht mehr vorstellen«, darf ihm doch gratuliert werden: Bei *ran* mag alles mögliche stattfinden, Sport bestimmt nicht.

»Wontorra ist ein Glücksfall. Er ist spontan, trotzdem präzise in seiner Sprache.« Sagt, zufrieden, Frank Elstner, der Schöpfer des *Bitte melde dich!*-Wontorra. Elstner, trotz Überfön und kurzer Beine zum populärsten Unterhaltungsonkel Deutschlands aufgestiegen, ein Mann, der mehr vom Fernsehen versteht, als er selber weiß, Elstner hat Wontorra drei Jahre lang gelehrt, was der noch brauchte, um ein Star zu werden. Daß Fernsehen dann am populärsten ist, wenn es freundlich tut, wenn es sich herabläßt zu seinen Abhängigen und vorgibt, auf ihrer Seite zu sein, ist Elstners größte Entdeckung gewesen. Die er generös an seine zweitgrößte Entdeckung, Wontorra, weitergab. Elstner hat Gabelstaplerfahrer zu Helden und Nobelpreisträger zu Flachschwätzern gemacht, er hat, kühl wie ein Glasauge, Herzenswärme in die Kamera gefunkt; und eben diese *Menschlichkeit*, diese Fernsehfassung von Freundschaft und Interesse, versendet jetzt, noch penetranter gar, sein Meisterschüler. Denn wenn der Frontman das richtige Image mitbringt, glauben wir dem Medium alles, sogar Mitleid und Philanthropie.

»Ein Stück Zuhause« biete sein Gesicht »den Leuten«, erklärt Wontorra, gar nicht eitel, seinen Erfolg; und um nichts anderes als um die Restauration von »Zuhause« geht es auch in seinen Shows. *Bitte melde Dich!*, *Aus den Augen verloren* und *Erben gesucht* präsentieren das Elend des Kleinbürgertums in nuce; und doch – schließlich sind wir beim Fernsehen – gelingt es dem smarten Moderator, die Regel als Ausnahme zu schildern. Möchte einem schier die Brust zerspringen ob der Sprachlosigkeit dieser Menschen, die sich anschwiegen, bis einer verschwand, und die spätestens zwei Wochen nach dem Wiedersehen einander wieder nichts zu sagen haben werden: Wontorra guckt nur so lange besorgt, wie ein Fall noch der Klärung harrt. Denn daß die eigentliche Katastrophe die Familie ist und nicht etwa ihr Zerfall, wäre eine Botschaft, die weder der werbetreibenden Wirtschaft noch ihm selber schmeckte. »Ein *Stück* Zuhause«, mehr nicht, aber schon solch ein Fetzen Trost muß »Leuten«, die sich ihre Träume von Linda de Mol und ihre Sehnsüchte von Birgit Schrowange verwalten lassen, vollauf genügen.

Wontorra ist fest von seiner Sendung überzeugt: »Ich bin harmoniesüchtig«, diktiert er der *Berliner Zeitung*; die Gattin nennt er »Schatzi«, seinen Feriensitz »Casa Mucki«, und ein »sehr guter Vater« sei er auch, kolportiert *Für Sie*. Der Propagandist von Heim und Familie hat sich und die Seinen in der Sommerpause '95 für einen *ran*-Trailer am Swimmingpool filmen lassen: Dieser unglaublich glaubwürdige, zuckerwattierte Clip war der Gipfel, auch in Wontorras Karriere. Offensiver ist noch keiner mit seinem *authentischen* Image hausieren gegangen, und das konnte nicht gutgehen. Zu lebendig sollte ein Schirmbild nämlich nicht werden, wenn es eines bleiben möchte; und was im Fernsehen wahr scheint, sieht unverzüglich wie eine Lüge aus, wenn es wahr *ist*.

Schatzi. Casa Mucki. Wonti. Hm. Seine Ehe funktioniere deshalb so gut, weil er sechs Monate im Jahr nicht daheim sei, steckt er der Presse; getrennter Urlaub verstehe sich von selbst: »Jeder Mann muß sich seine Freiräume schaffen.« Anfang Dezember '95 rückt ihm die Steuerfahndung auf den Hals, angeblich habe er beim Übertritt nach Luxemburg, zu Elstner, 200.000 Mark hinterzogen. Im Januar '96 zeigt ein anonymer Unhold den Wontorras, was er von ihrer raren Idylle hält, und bombardiert sie mit Mordbriefen. Im Februar, beim Spiel des HSV gegen Bayern, behauptet Wontorra,

Franz Beckenbauer habe Rehhagel in die Aufstellung hineingeredet; Rehhagel dementiert und zeiht den alten Bekannten des »Vertrauensbruchs«: »Mit dem rede ich kein Wort mehr.«

Derweil rast Wontorra (»Warum soll ich meinen Marktwert nicht nutzen?«) von Termin zu Termin; präsentiert in Hamburg *Amica*, die Frauenzeitschrift ohne Sinn und Verstand, heizt in Bremen den Besuchern des Sechs-Tage-Rennens ein, hockt im Prominententeam der Gameshow *XXO* und kommentiert für Sat1 *International Gladiators*, die High-Tech-Fassung von *Spiel ohne Grenzen*. Und im April erfüllt sich sein größter Wunsch: Er darf Margarethe Schreinemakers doubeln. »Ich habe keine Lust«, trompetete er mal in *TV Today*, »eine Fernsehhure zu sein, die sich auf allen Kanälen feilbietet.« DSF und Sat1 reichen ihm dick.

Nein, ein strafender Gott, der sich erbarmen möge, ist nicht in Sicht, und obwohl Wontorra mit aller Kraft daran arbeitet, seine Legende selbst zu ramponieren, wird er erst von uns gehen, wenn seine Nachgeburten, die Clementz Dahlmann Kerner, den Dreh mit dem authentischen Image kapiert haben. Bis dahin wird er Zeit genug haben, auch die letzte Erinnerung an einen Fußball, der etwas bedeutete – und zwar für jeden etwas anderes –, auszulöschen und den Senf, den er »Infotainment« nennt, zu den übelsten Gurkenspielen zu geben, auf daß kein Mensch sie mehr unterscheiden kann von Deutschland – Italien 1970.

Und der Fußball wird endgültig ein »Stück Zuhause« sein, gemütlich wie ein Hobbykeller. Eines von den zahllosen Kulturfragmenten nur, die das Fernsehen braucht, um die Zeit totzuschlagen. Irgendwann aber werden wir an den Abbildern vorbeisehen, gleichwie wir einst, als die Welt in Pixel zerlegt ward, die Dinge aus den Augen verloren. Und aufstapeln wird man die Magnetbänder aller *ran*-Folgen und darüber gießen drei Meter dick Beton. Heißen aber soll der Klumpen »Casa Mucki«.

Die neue Dimension
Das Format Reinhold Beckmann

Peter Unfried

DER ANDERE: Beckmann, du lügst.
BECKMANN: Ich lüge? Sind sie nicht schlecht? Sind sie
gut? [...]
DER ANDERE: Du lügst, Beckmann.

Achtung, Super-Q: Was stimmt nachdenklich, wenn
Reinhold Beckmann folgenden Hinweis gibt: »Als guter
Sportreporter habe ich den *kicker* gelesen«?
Richtig: Mehrerlei.
Beachtenswerter noch allerdings als solche Worte, die
ihm unablässig einfach so von den Lippen perlen, ist der
dazugehörige Blick: ein Lachen, ein Grinsen, das den
einen oder anderen an einen Dackel erinnert, an einen
raffinierten Dackel allerdings, was zwar einen Wider-
spruch in sich darstellen mag, doch das macht nichts.
Aber ach, warum sich überhaupt mit ihm aufhalten?
Weil Beckmann nicht irgendein Fernseh-Fußballre-
porter ist. Beckmann *ist* der Fernseh-Fußball. Klingt
traurig? Apokalyptisch? Ist aber so.
Zunächst eine kleine theoretische Vorbemerkung:
Auch wenn es schwerfällt, gilt es zu unterscheiden zwischen Fußball und Fernseh-Fußball. Fußball ist das,
was auf den Sportplätzen und in den Stadien passiert.
Fußball-Freunde sind jene Menschen, die ihr Haus verlassen, um sich das Spiel anzusehen. Die meisten derje-
nigen aber, die sich für Freunde des Fußballs halten,
sind in Wahrheit Freunde des Fernseh-Fußballs. Er

dient ihnen nicht als Ergänzung oder Ersatz, er ist ihnen alles.

Zweitens: Wer Interessenten hinzugewinnen will, muß die Basis des Spiels verbreitern, muß aus dem kleinen ein großes Spiel machen, bis es solche Dimensionen angenommen hat, daß die mediale Inszenierung alles ist, die Realität im Stadion nichts.

Sehr viel mehr hat der Sat1-Programmdirektor Sport Beckmann nicht begreifen müssen, um dem Fußball im Fernsehen »eine neue Dimension« zu erschließen – fand nicht zufällig die bayerische Staatsregierung und strafte ihn mit ihrem Fernsehpreis. Eigentlich hat er sich den deutschen Fußball untertan gemacht. »Beckmannisierung« (*taz*) des Fußballs ist der Fachbegriff für diesen mittlerweile abgeschlossenen Vorgang.

Nichts geht ohne Beckmann: Die Verträge für die Bundesliga-Erstverwertung bis zum Jahr 2000 sind unterzeichnet. Wer Anfang 1995 auf die viele Hundert Millionen starke Offensive der öffentlich-rechtlichen Anstalten samt RTL gegen den Sat1-Partner ISPR gehofft hatte, der dürfte die Demo-Kassette nicht zur Kenntnis genommen haben, mit der sich die ARD bewarb: Zwar liefen im *Sportschau*-Studio paritätisch mit und ohne Schnauzer die Herren Hartmann und Delling auf. Der Rest aber war Beckmann.

Das Format Beckmann: technische Perfektion. Fünf bis acht Stadionkameras schaffen Überlegenheit am Boden und in der Luft. Interview-Wand im *ran*-Studio für standrechtliche Vollstreckungen, Kurzinterviews aus allen Lagen. Die Ästhetik des Videoclips: Großaufnahmen und Zeitlupen, unterlegt mit klebrigen Rock-Imitaten, halten, im Optimalfall, die vergängliche Kapriole fest. Im Normalfall überhöhen sie einen lapidaren Spielvorgang zum vermeintlich großen Moment.

BECKMANN: Aber ich bin bloß Beckmann. Beckmann mit 'ner ulkigen Brille und 'ner ulkigen Frisur. [...] Ich bin nur ein schlechter Witz. [...] Und weil ich zu laut bin, mach ich das Publikum bange.

Man muß den Beckmann einmal erleben, bevor es live auf Sendung geht und er sein Publikum einstimmt. »Laßt mich nicht hängen«, krähte er etwa bei der schon wegen ihres Namens unvergessenen *Super-Fuxx*-Gala last Christmas in der Frankfurter Festhalle, »wenn ich rauskomme, muß es krachen!« Krachen, Komödie. Krachen, Drama. Krachen, Rama. Reinhold ist per du mit seinem Publikum. Ich bin einer von euch, soll das heißen. Oder: Einer für euch. Dazu macht er das Beckmann-Grinsen, das ihm offenbar als einzige, deshalb auch permanent in Anschlag gebrachte Mimik zur Verfügung steht.

Es ist ein solch geliehener Frohsinn, daß es selbst *Die Woche* gespannt hat. Jeder weiß, ihm ist nicht zum Lachen, wenn er lacht. Jedenfalls nicht zum Mitlachen. Beckmanns Lachen signalisiert nämlich immer und überall das Gegenteil: Eigentlich gehöre ich gar nicht hierher. Eigentlich bin ich viel zu schlau für euch.

Beckmann ist schlau. Gerade weil er im Prinzip nicht hierhergehört, kommt er weiter als alle anderen. Gerade weil er sich einen alten Scheiß für Fußball interessiert, kann er auch niemals in die Fehler anderer verfallen. Wenn Beckmann mitfiebert, dann allenfalls mit der Einschaltquote.

Beckmann arbeitet hart. Da er der Chef ist, ist er immer dann auf dem Bildschirm, wenn es gilt. Folgerichtig erhält er die Goldene Kamera der *HÖR ZU*-Senioren genauso wie den *Bravo*-Sport-Otto. Beckmann ist der präsenteste Moderator, ein guter ist er nicht. Und schon gar nicht ein guter Reporter. Im Gegenteil: Beim Kommentieren von Live-Spielen merkt jeder, daß Beckmann, der ja weiß, wie das Spiel läuft, sich kaum die Mühe macht, den Fußball in seiner Komplexität auch nur annähernd zu durchschauen. Macht sein Massenpublikum schließlich auch nicht.

Seien wir ausnahmsweise ehrlich: Beckmann ist der Größte! Der größte Irrtum ist allerdings, daß er sich zu anderem als zu Sport berufen wähnt. »All die großen Figuren der deutschen Unterhaltung sind da«, sagte er, als er den *Super-Fuxx* mal zur Primetime-Show ausbauen wollte. Und meinte natürlich in erster Linie sich. Doch bei solchen Anlässen wird offenkundig, daß er gegen einen Harald Schmidt noch immer wirkt wie der Volontär vom WDR. Je mehr er redet, um so deutlicher teilt er mit: Ich habe nichts zu sagen.

Und weil ich nur Beckmann bin und nicht Mozart, deswegen sind alle Türen zu. Bums.

Reinhold Beckmann kommt aus Twistringen nahe Bremen. Durfte anders als seine älteren Brüder aufs Gymnasium – das einer wie er wahrscheinlich »Penne« nennen würde. Machte Zivildienst. Ließ sich zum Video-Techniker ausbilden, studierte Fernseh- und Filmwissenschaft, war Mitbegründer des Piratensenders Radio Wahnsinn. Spielte Gitarre in diversen Bands, trat zusammen mit Helge Schneider in der WDR-*Off-Show* auf.

Hört sich alles prima an. In Interviews ist er allzeit bemüht, diesen seinen Werdegang, seine *roots* als *street credibility* zu verkaufen. Aber irgendwann muß was fürchterlich schiefgelaufen sein.

Hey Leute, ich bin's doch, Reinhold. Einer von euch. Klampfen ist echt klasse!

Tatsächlich sagt einer wie Beckmann zu seiner Gitarre »Klampfe«.

In der Fußball-Branche agierte er allerdings schlauer als alle anderen. Damit das auch ja nie einer vergißt, hat er sein Grinsen fest installiert und einen doppelten Boden eingezogen: Hey Leute, eigentlich bin ich einer von euch. Aber eigentlich auch viel schlauer als diese Leute, mit denen ich hier gerade rede.

»Ist denn immer noch nicht alles geregelt?« fragt er forsch seine Gesprächspartner und grinst sich dabei fast einen ab. Hey Leute, das ist ein Spiel, seht her, ich spiele es am besten!

Oder er schmiert seinen Gästen hin: »Muß man denn das immer in der Öffentlichkeit austragen?« Ja, so was sagt Beckmann, und es ist übrigens zweifellos der beste

Satz, seit Adolf Hitler sich nicht unterstand zu seufzen: »Mußte der Zweite Weltkrieg wirklich sein?«

Und der Mörder Beckmann hält das nicht mehr aus, gemordet zu werden und Mörder zu sein. Und er schreit der Welt ins Gesicht: ich sterbe!

Natürlich nagen an Beckmann ab und zu Zweifel. Weiter macht er dann aber trotzdem. Was anderes bliebe ihm übrig? Achtung, Super-Q: Wer sagte folgenden Satz? »In fünf Jahren will ich das hier nicht mehr machen.« Richtig. Drei Jahre ist das jetzt her.

Beckmann ist ein berühmter Mann, ein richtig berühmter. Bekommt seine Lebensgefährtin ein Kind, kann er die Photos meistbietend verhökern. Allein, wie es aussieht, wird er auch zur Jahrtausendwende noch im Hamburger *ran*-Studio herumsitzen, sich langweilen und herüberlinsen nach Köln und München zu den wirklichen Größen des deutschen Fernsehens. *No sports* – der Titel seiner Talk-Show war mehr als nur der übliche dünne Beckmann-Gag. Das Unternehmen floppte mit Bravour, weil Beckmanns Programm zu dürftig, zu hohl war. Zu fragen hatte er nichts. Sein Programm: Beckmann. Zu sagen hatte er aber auch nichts.

Eine traurige Geschichte ist das: Ohne Fußball ist der Mann nichts, für den Fußball nichts ist. Eine traurige Geschichte. Man möchte einen Videoclip drehen, mit der Klampfe eine klebrige Melodie zusammenschnulzen und in Superzeitlupe ein dackliges Grinsen sich verwandeln sehen in tiefe, tiefe Melancholie.

Alle kursiv gesetzten Zitate aus: Wolfgang Borchert, »Draußen vor der Tür«.

Lutsch mich, ich bin ein Bärchen
Das Gelatinewesen Johannes B. Kerner

Fritz Eckenga

»Gelatine«, weiß mein Lexikon, »ist ein disperses System«, in dem »die Bestandteile Eiweiß, Saccharin, Kieselsäure [...] im Dispersionsmittel in unregelmäßigen Gerüsten angeordnet sind, wodurch das System formbeständig wird«.

Gelatine ist wesentlicher Bestandteil von Gummibärchen, jenen Lutschtierchen, die einem zäh das Mahlwerk verkleben und nach Kiemenkrampf hinterlassender Abschiebung in die Abteilung Magen/Darm dort für Blähungen und oben für Zahnarzts Auskommen sorgen.

Johannes B. (Bärchen!) Kerner ist eine weiterentwikkelte höhere Form des dispersen Gummi-Systems, ein in Sat1-Labors durchmetamorphorisiertes Gelatinewesen, das, geschickt kaschiert durch Sport-Sakko und Jeans, Fußballmoderatorengestalt angenommen hat.

Wiewohl nur Prototyp, mutet das Kerner-Bärchen bereits jetzt serienreif an, trifft es doch ähnlich der ihm modellhaft zugrundeliegenden Süßware den Geschmack der breiten Kaumasse.

Kerner »kommt gut bei Frauen an«, entnimmt man der Fachpresse, macht den »Männersport Fußball« also offensichtlich auch für das durch Faßbendersches Altherrengehabe abgestoßene »weibliche Zuschauerpotential« kompatibel, ohne – und das ist der eigentliche Clou – das Publikum mit Stamm zu verschrecken.

Neben den gemeinen konsumfördernden Eigenschaften des Tütentierchens (süß, niedlich, lecker, mäßig abhängig machend) fällt der Gelatine-Kerner durch intellektuelle Fähigkeiten auf, die dem Ur-Gummibärchen bekanntlich abgehen. So kann er etwa nicht wie der Moderatoren-Lutschi relativ unfallfrei sprechen und, wenn Höchstform verlangt wird, sogar solch komplizierte Satzstrukturen wie »Fußball« oder »Tor« oder gar »Hallo bei *ran*« aufsagen.

Brabbelbärchen füllt mit tapsiger Moppeligkeit die unverständlicherweise immer noch existierenden *ran*-Löcher zwischen den Werbeblöcken. Er tut dies laut Hohlpresse in »sympathischer Manier«, »locker-flockig« und »flapsig, aber nie verletzend«. Nicht nur das offensichtlich dazu abgerichtete Studio-Publikum erfreut sich debil an Bärchens Niedlichkeit, Kerner tut es vor allem selbst. Aus allen Gelatine-Grübchen quillt die Verzükkung über das eigene Klassesein. Sein im Laborförmchen gegossener Grinsepickel schmunzelt immergleich selbstverliebt, und schelmisch scheint sein Kußmündchen stets zu säuseln: »Ich kann's nicht ändern – ich bring's einfach gut 'rüber!«

Nein, er spricht diesen Satz nicht wirklich aus, da haben die Sat1-Chemiker im unregelmäßigen Kerner-System wohl sicherheitshalber einen Eiweißblocker eingebaut, was er aber nun tatsächlich so 'rüberbringt, kann beweiskräftig auch nicht wiedergegeben werden. Irgendwie hat man Bärchens Blasen immer schon vergessen, bevor er sie gemacht hat.

Soviel jedenfalls steht fest: Die echten Gummibärchen hinterlassen nach Verbrauch bleibendere, oft, wie eingangs erwähnt, sogar schmerzhaftere Eindrücke als diese *ran*-Erscheinung. Dafür kann man das Süßzeug allerdings auch einfach im Schrank lassen, wenn einem nicht nach Schnuckern ist. Will man jedoch die persönliche Fußballgrundversorgung sicherstellen, wird einem der Gelatine-Kerner zwangsweise mit aufs Gemüt gedrückt, das sich in solchen Momenten – und ältere Sachverständige wissen um die pathologische Qualität dieses Wunsches – sogar nach einer Huberty-Trockenpflaume sehnt.

Zuletzt soll nicht unerwähnt bleiben, daß ich die einleitende Lexikon-Passage etwas gekürzt habe. Wenn Sie also umfassender über die chemische Zusammensetzung von Johannes B. Kerner informiert sein wollen, bitte unter dem Stichwort »Gelatine« nachschauen. Es steht direkt unter »Gekröse«.

Mainz, wie es singt und lacht
Rolf Töpperwien

Michael Streck

So wie er nickt, tickt er auch. Nickt immerzu und lacht. Breites Grinsen und dieser Kopf, der immer und immer wieder nach vorne schnappt. So rhythmisch wie diese Dackelköpfe neben den gehäkelten Klorollenwärmern auf den Hutablagen. Dann sein Auftritt: »Wir haben eben mit dem Schiedsrichter gesprochen. Und er sagt, es war ein klarer Platzverweis: Was sagen Sie dazu?« Dazu guckt er wie Marty Feldmann mit großen Kulleraugen, und er grinst. Und grinst und grinst und grinst.

Meistens sagen die im übrigen wenig. Oder nur Unsinn. Und wenn sie was sagen, dann sagen sie nur was, weil ER fragt und es meistens bitte recht harmlos ist. Gern wird die Geschichte kolportiert aus dem Bus von Eintracht Frankfurt – oder war es Uerdingen? –, als ER davorstand, wie immer mit dem Mikro und dem unter der rechten Achselhöhle eingeklemmten Schreibmäppchen, und irgend etwas wissen wollte über durchgebrochene Stürmer und aufgelöste Liberi. Der Trainer stand auf und sprach knapp: »Nun red' schon einer mit ihm.« Erbarmen, wenn ER kommt. Töpperwien, Rolf, den wir im folgenden Töppi nennen wollen. Das ist zwar vulgo, aber berechtigt: Weil er sich – erstens – selbst in der dritten Person Singular als »der Töppi« zu bezeichnen pflegt. Weil er – zweitens – landauf, landab unter dieser Koseform firmiert (so wie Klinsi, Rudi, Andi, Litti und all die anderen). Und weil es – drittens – Platz spart.

Also Töppi. Der mit dem Krauskopf. Mit den Locken,

die vermutlich sehr echt sind, bei ihm aber so wirken wie gewickelt und gezwirbelt im Salon Kahlschlag um die Ecke. Der mit dem Lachen, diesem dröhnenden hö-höhöhö, das so laut ist, daß jeder in der Bannmeile dieses Lachens nichts mehr zu lachen hat. Dieser Mann wird in Dezibel gemessen. Diagnose: Fußballverrückt. Verrückt durch Fußball. Verfußballt. Fußverballt. Ballverfußt. Verballfußt.

Oder nur Töppi. Das ist Diagnose genug. Ein Töppi ist ein Töppi ist ein Töppi. Seit zwanzig Jahren schon. Und im Geiste schon viel länger. Hat er seinen Eltern schon ganz früh erklärt, damals in Osterrode im Harz, wo er entbunden wurde, daß er – Studium der Politik, Publizistik und Germanistik hin und her – doch nur eines werden wolle: Sportreporter. DER Sportreporter. So fing das an.

Und so ging das weiter: Es würde, schrieb mal einer, der Tag kommen, an dem der Reporter Töpperwien – immer auf Ballhöhe – noch einen Elfmeter verursachen werde, weil irgendein Profi im Strafraum über sein Kabel stolpert. Das liegt schon etwas länger zurück. Und es war zu den seligen Zeiten, da der Herr Beckmann sich noch als des Herrn Faßbenders Adlatus beim Westdeutschen Rundfunk in Köln betätigte und seine ersten und damals schon berechtigten Fluchtversuche darin bestanden, für den *Rockpalast* Nina Hagen oder sonstwen zu interviewen. Das war also, als es die Privaten noch nicht gab, die ohne Töppi niemals das wären, was sie heute sind. ER ist gewissermaßen ihr Pionier. Töppi erhob als allererster Sportreporter die Impertinenz zum journalistischen Kulturgut, er distanzierte sich als erster von der Distanz und deutete visionär schon fast das Kürzel ZDF in »Zwei Duz Freunde« um. Und all das, bevor der juvenile Michael Steinbrecher das *Sportstudio* enterte und das vertraute Du von der Journalistenschule mitbrachte.

Wo Töppi ist, ist Heiterkeit. Mainz, wie es singt und lacht. Der hat – weiß er das eigentlich? – den Boden bestellt für die Privatjauchzer. Lange bevor die versammelten Sateinsens die Nation rannahmen, hatte Töppi mit dem ZDF-Hausausweis schon alle Grenzen der Peinlichkeiten mühelos passiert. Spielend. »Otto Rehhagel betritt deutschen Boden«, juchzte er allen Ernstes, als Werder Bremens Mannschaft 1992 nach dem Europapokalsieg auf dem Bremer Flughafen gelandet war. Später empfingen sie ihn in der ZDF-Redaktion ziemlich kopfschüttelnd, und Töppi wußte gar nicht, warum. Nicht wahr, so ein Europapokalsieg, der passiert nicht alle Tage. Hatte er aber schon mal erlebt, diese Geschichte mit dem Unverständnis. Damals, als die seriöse *Zeit* hinabstieg und sich des Phänomens Töpperwien annahm. Heraus kam ein als Liebeserklärung getarnter Verriß, aber Töppi las nur die Liebeserklärung, und er wedelte mit der Seite stolz vor den Kollegen, denn, nicht wahr, passiert nicht alle Tage, daß eine so bedeutende Zeitung wie die *Zeit* ... wieder Kopfschütteln. Nun ist das Gegenteil von Kopfschütteln Nicken. Ist das vielleicht sein stummer Protest? Haben wir ihn unterschätzt? Ist Töppi gar ein Anarchist?

Er nickt, also ist er. Nicken ist schließlich auch eine Form von Kopfsache. Da gibt es noch eine andere Form: Jeder, der nicht die exakte Aufstellung von, sagen wir, Arminia Bielefeld aus dem Aufstiegsjahr 1978 gespeichert hat, ist ein Ignorant und hat in dem Beruf, seinem Beruf, nichts verloren. Bis auf seine Schwester Sabine natürlich, mit der er höchstwahrscheinlich im Sandkasten in Osterrode Bildchen tauschte: einen Willi Schulz gegen zwei Dieter Höttges. Schlechter Tausch.

Sabine jedenfalls hat jetzt eine tiefe Stimme und ist Sportreporterin. DIE Sportreporterin. Alles wegen Sammelbildchen.

Ansonsten aber bleibt eine Frau eine Frau und wird im besten Fall eine Miß. Mit etwas Glück sogar Miß Germany. Und weil Töppi, wie wir wissen, nichts peinlich ist, moderiert er zuweilen zum Nebenbroterwerb Mißwahlen in irgendwelchen Dorf-Diskotheken, die er wahrscheinlich auch gern als Kunde heimsuchen würde, wäre er nicht soviel auf Achse als Sportreporter. Aber wenn er mal nicht auf Achse ist, in der Winterpause oder so, geht bei derartigen Anlässen mitunter die Libido (oder war's Libero?) mit ihm durch, und er macht wunderbar einfühlsame Reportagen wie damals in Singen: »Wer die Telephonnummer von Sabine aufschreiben will, 90-77-93, der hat Pech gehabt, das sind nämlich – höhöhöhö – ihre Maße.« Danach fahren die Männlein und Weiblein zufrieden im Manta nach Hause, weil sie fortan bezeugen können, daß der Töppi ein ganz normaler Mensch ist. Einer zum Anfassen und umgekehrt. »Das Volk liebt Typen wie mich«, sagt er. »Typen, die im Westfalenstadion im dicken Regen stehen und kommentieren.« Der Umkehrschluß, wonach ihn das Volk nicht mehr liebt, wenn es in Dortmund mal nicht regnet, wäre falsch. Denn Töppi ist das Volk, ein ziemlich repräsentativer Deutscher sogar, der gern und viel und laut lacht und dabei – höhöhöhö – anderer Menschen Schultern traktiert. Der sich wohl fühlt im Zotenrandgebiet und glänzend ins Ballermann 1, 2, 3, 4, 5, 6 auf Mallorca passen würde. Aber wenn dort die Saison beginnt, beginnt auch für Töppi die Saison. Leider.

Töppi sagt: »Ich bin keine Ware, ich bin der Töppi.« Er ist mithin mehr als Konsumgut, mehr ein Markenartikel. Eine Art Tempo-Taschentuch des öffentlich-rechtlichen Fernsehens. Er darf in seiner Eigenschaft als Töppi sogar einen leibhaftigen König duzen, den Otto Rehhagel, was an sich schon eine reichlich grauenhafte Vorstellung ist. Aber das hat er sich hart erarbeitet und erlacht in vielen gemeinsamen Jahren bei Werder Bremen. Denn er war immer sehr ehrlich und hat nie verhehlt, daß er Werder Bremen mindestens ebenso liebt wie früher Sammelbildchen im Sandkasten. Deshalb wird Töppi noch heute gern eingeladen als Conférencier der großen Werder-Gesellschaftsbälle.

Vergangenes Jahr moderierte er beispielsweise die Grün-Weiße-Nacht. Eine Veranstaltung, die ungefähr das hielt, was ihr Titel versprach. So was mit Tombola und fülligen Damen, die sich einmal im Jahr in ein viel zu enges Rüschenkleid mit viel zu tiefem Ausschnitt

pressen, und launigen Reden und Beschlipsten und Be-
schwipsten. Und Töppi als Zeremonienmeister oben auf
der Bühne, ganz ohne Honorar. Einfach so, aus Loyalität
zum Klub. Worauf der böse Kollege Wontorra in einem
Leserbrief zürnte, für eine so jämmerliche Vorstellung
hätte Töppi auch keinen Pfennig verlangen dürfen.

So nicht, Wontorra. Bitte melde dich! Und zwar ab!
Töppi hat schließlich auch entsetzlich leiden müssen
wegen Werder. Vor zwei Jahren hat ihn sogar der weit-
gehend kreativfreie ZDF-Sportchef Karl Senne auf Ent-
zug gesetzt. Wirklich dumme Geschichte damals, als
ihm Werder Bremens Manager Willi Lemke das Sponso-
renlogo des Vereins während der ZDF-Liveübertragung
von der Pokalfeier 1994 ans Revers pappte – aus Freude
und Dank für soviel Vereinstreue. Was dann doch zu
weit ging, wie Senne befand und offenen Strafvollzug
anordnete: Ein halbes Jahr durfte Töppi nicht mehr ins
Weserstadion. So lange, bis Gras über die Sache gewach-
sen sei. Nun wächst gemeinhin kein Gras mehr dort, wo
Töppi hinlacht. Nur in Bremen noch. Nun darf er wieder.

Wir haben uns jedenfalls damals wie heute amüsiert
wie Bolle. Aber nein, Töppi, Bolle spielte nicht in der
Aufstiegsmannschaft von Arminia Bielefeld. Schlagen
Sie nach im Sammelbildchen-Heft. Oder fragen Sie Ihre
Schwester.

Auf Metaphernjagd
Fasel-Hansch

Albert Hefele

Nicht, daß Fußballreporter unbedingt etwas vom Fußball verstehen müßten. Ihre Hauptaufgabe besteht, wie
man weiß, darin, in beeindruckende Schals gehüllt zu
sein und von sibirischer Kälte kündende Atemfahnen
vor sich herzutragen. Oder in bunten Hemden unter
südlicher Sonne zu schmoren, immer ein gelbes Mikro
vor der Nase. Was sie dann von sich geben, ist in aller
Regel von mikroskopischer Bedeutung, und an kaum
einen unter ihnen möchte man sich aus guten Gründen
erinnern. Vielleicht noch an Marcel Reif, weil der immer
aussieht, als hätte er eine fürchterliche Nacht hinter
sich. Und – an Werner Hansch, eigentlich eine alte Hör-
funkfregatte, die erst seit ein paar Jahren die Fernseh-
gewässer unsicher macht. Trotzdem ragt Hanschens
eisgraues Haupt, was die Popularität angeht, einsam
über das große Heer seiner Kollegen hinaus. Wie das?
Was ist dran an Hansch? Immerhin heimste er einst als
Hörfunkmoderator beim WDR einen nicht unerhebli-
chen und im Prinzip ja verdienten Ruhm ein.
  Der Hansch von heute ist kein guter Reporter und hat
zum Spiel nur wenig Wissenswertes zu sagen. Seine
geringen Ressourcen erschöpfen sich rasch, weil er alle
Kraft und Konzentration auf der Suche nach passenden
»Bildern« verschleudert. Irgend jemand muß ihm ge-
steckt haben, daß er auf diesem Gebiet Beachtliches zu
leisten imstande sei. Seither ist er auf großer Meta-
phernjagd und möchte sich mit lässig hingeworfenen
Perlen der Reportage unsterblich machen. Was er da

aber von sich gibt, entpuppt sich rasch als mattes Glasprodukt: »Nürnbergs Abwehr spielte in der ersten Halbzeit in Leverkusen wie eine Mischung aus Bratwurst und Lebkuchen« zum Beispiel. Was, um Gotteswillen, mag das bedeuten? Welche geheimnisvollen, für den Normalsterblichen in keiner Weise nachvollziehbaren gedanklichen Verrenkungen vollzieht Hansch denn da?

Die gelungene Metapher komprimiert einen komplexen Inhalt in einem attraktiven, überraschenden Bild. Fasel-Hanschs Bilder sind zwar komprimiert, aber meist bar jeden Inhaltes. »Wer den Hammer sucht, findet auch die Nägel«, schwallt er angesichts eines Spielers, der vor Begeisterung mit den Fäusten auf den Rasen trommelt.

Möglicherweise haben ja jene Hansch-Verehrer recht, die die Lebendigkeit seiner Sprache loben: Wie der knurrt und das R rollt, verbal geradezu ins Taumeln gerät angesichts ... ja, angesichts wessen eigentlich? Geht es dem großen Fasler wirklich um Fußball, einen Sport, den Hansch abscheulich fand, als er noch Sprecher auf der Pferderennbahn war? Oder ist sein zentrales Interesse nicht vielmehr, ein womöglich republikweites Forum für das aus ihm herauspurzelnde haltlose Geplapper zu finden?

Hansch jedenfalls wirkt auch dann weder ausgesprochen gelangweilt noch angewidert, wenn sich auf dem Rasen nichts oder nur Fades abspielt. Im Gegenteil: Gerade dann kann der alte Radiohallodri seinem Hang zum Dampfplaudern so richtig nachgeben. Auch wenn auf dem Bildschirm nur ein Platzwart zu sehen ist, der die Linien nachzieht, muß er vor Vergnügen glucksen: »Da sind die Jungs wohl zu oft auf den Strich gegangen ...« A-hau, a-hau! Schon ist das Niveau eines fidelen Stammtischbruders erreicht, eines von jener Sorte, die an kleinen, runden Tischen aufgeregt bellend *ran* verfolgt und sich den Pilsschaum aus dem Bart leckt. Muß sich einer von denen unbedingt im Fernsehen breitmachen? Und ein »Volley-Schnibbel-Ding« bejubeln? So was gibt es nicht, Werner Hansch!

Eine Volley-Annahme erfolgt mit dem Spann, dem Innenrist, ganz selten mit dem Außenrist (Romario) oder noch seltener mit der Hacke (Fritz Walter). Schnibbeln mit dem Ball bedeutet: anschneiden, gefühlvoll vorbeidrehen, auf engstem Raum den Gegner ausspielen. Ein Volley-Schnibbel-Ding geht in die Wolken.

»Das ist doch nicht so schlimm. Muß man das denn alles so genau nehmen?« Natürlich ist es nicht schlimm. Natürlich muß man das alles nicht so genau nehmen. Warum aber muß sich Werner Hansch in ein Ressort drängeln, von dem er keine Ahnung hat? Soll er Talkshows moderieren oder launig das Wetter ansagen. Beziehungsweise andersherum: Warum darf mein Schwager nicht die Bundesliga kommentieren? Weil dem nichts einfällt? Sätze wie »Das ist einer, der sein Herz in beide Hände nimmt und es dann in die Schuhe rutschen läßt« sicher nicht. Mein Schwager ist schließlich noch bei Trost.

Trotzdem: Werner Hansch ist zweifellos einer der Beliebtesten. Eine *ran*-Sendung ohne Hansch sei keine *ran*-Sendung. Heißt es. Wenn dieser Aussage keine Sat1-eigene Werbestrategie zugrunde liegt, dann scheint weitreichendes Interesse für hohles Geschwätz vorhanden zu sein. Der Sat1-Reporter hat Legionen von Faslern hinter sich, die jedes Wochenende auf die Sportplätze drängen. Kein Fleckchen in irgendeinem Stadion bleibt von unwissenden Tölpeln verschont, denen fachlich niemand etwas vormacht und deren Beitrag zur Fußballexpertenkultur sich erschöpft in: »Höööhööö!« und »Raus mit dem!«, »Der muß rein!« und »Schwarze Sau!« Ihnen allen spricht Fasel-Hansch natürlich aus der Seele, und vor dem TV staunen sie, mit welcher Geschwindigkeit man derart viele Wörter aneinanderreihen und eine Wendung wie »Rasen-Erotiker« kreieren kann, da Toni Polster in Missionarsstellung auf der Wiese liegt. »Rasen-Erotiker«! Das ist gut, oder? Der Mann hat es faustdick hinter den Ohren. Da wäre man selbst nie drauf gekommen, an seinem kleinen, runden Kneipentisch. Noch ein Pils auf so viel Originalität. Wie's ihm nur einfällt! Wie er nur drauf kommt! Redet wie ein Buch und ist doch einen von uns jeblieben – de Werner...

Ist das so? Warum glaubt Hansch, immer noch den Bergmann geben zu müssen, dessen einzige Freude das samstägliche Fußballspiel ist? Um ein leicht abgewandeltes Zitat des Kohlenpott-Sprachwunders zu benutzen: »An der Sprache des Mannes erkennt man den Johannes...«

Irgendwie erinnert das Ganze an bayerisches Bauerntheater, dessen Akteure beharrlich längst nicht mehr existente Typen reproduzieren: die schrullige Magd und den feschen Jäger, die keusche junge Bäuerin und den knarzigen Schnupftabak-Opa, prima Originale, die eigentlich nichts anderes als krampfhaft konservierte Mumien sind. Werner Hansch als Stehplatz-Bottroper, dem noch der Kohlenstaub aus den Hosen rieselt.

Leute, die ihn näher kennen, sagen, Werner Hansch sei ein rechter Mann, ein guter Vorgesetzter, kollegial und fair. Soll so sein. Peter Kraus ist vielleicht auch ein prima Kerl: Er kann halt nur nicht singen. Und hören mag man ihn schon gar nicht.

Poschmanns Kalli
Eine Besinnung

Thomas Roth

Das Fußballbeurteilungsgeschäft ist ein großes und inhumanes. Der in den letzten Jahren kräftig entwickelte sportjournalistische Betrieb hat Tausenden von Journalisten, Fachkundigen und Fußballbegeisterten Lohn und Brot gegeben, aber auch gerade ebenso viele Schlaumeier und Schwätzer, Dumpf- und Stumpfköpfe ins öffentliche Rampenlicht getrieben. Die immer unverschämtere Präsenz und Penetranz der Berichterstattung verdankt sich nicht nur einer Zunahme an Quantität, sondern auch einer qualitativen Veränderung: der Installierung einer neuen Reporterfigur. Der Berichterstatter der fünfziger Jahre, der nicht viel mehr vermochte, als den Zuschauer zu langweilen oder mit sanftem Sachverstand aufzuklären, ist passé. Und auch der Typ des »mediengeilen« (Rudi Michel) Angestellten im Stil Faßbender, vergreist und ohne Neugier und dennoch aufgeregt agierend, verliert zunehmend an Boden. Allzu halbherzig wirkt er im Vergleich zum neuen role model des sich über hartnäckige Selbstinszenierung immer breiter machenden eindimensionalen Moderatoren-Menschen, der wahlweise den verständigen Gesprächspartner und Philosophen, den Wortkünstler, Entertainer oder den Enthüllungsjournalisten mimt.

Was bleibt bei dieser Chose und Malaise für den weiter ausharrenden Betrachter noch zu tun? Nun, er kann sich daran machen, im Lärm des allerorten zu vernehmenden Geschwalles, unter dem allseits auf dem Bildschirm herrschenden Gewimmel und Gewusel das herauszupräparieren, was noch im richtigen Sinne falsch ist.

Strengt man sich nur ein wenig an, dann trägt einem die Erinnerung das Bild zweier eigenartiger Gestalten zu. Zweier Gestalten, die, obwohl im Namen der schönen neuen Bewegungs- und Vitalitäts-, Lach- und Sachkultur installiert, schon beim ersten Aufeinandertreffen recht verquere Impressionen erzeugten.

Der eine war klein, der andere groß, der erste rotbuschig und graugelockt, blond und glattgekämmt der zweite. Sehr gerade standen sie zunächst, der eine hatte noch, wie um sich seiner Standfestigkeit zu vergewissern, die Hände in die Hosentaschen geboxt, dort stand er, und dort blieb er. Der andere versuchte sich unter einigen Mühen irgendwie legerer zu postieren, hielt den einen Arm an ein Übertragungsmikrophon und ließ den anderen sanft pendeln, wohl um sich zu sagen: Alles werde gut. Ein Stadionrund lag im Hintergrund, Fahnen wehten recht grell, und blaß blieben die beiden in der Bildmitte.

Etwas schüchtern deutete schließlich die Hand des Großen nach oben: »Kalli«, sagte er, zeigte auf den augenscheinlich Angesprochenen, der stier nach vorne sah, »Kalli« nochmals und im nächsten Satz so, daß es auch der rotgraue Herr gegenüber hören konnte: Kalli. Mit eindeutigem Blick. Kalli.

Zwischen seine Worte setzte der Mann mit dem Mikrophon ausgedehnte Pausen, er schien begutachten zu wollen, was er da über die Lippen gelassen, spähte forschend nach vorne, preßte wie beiläufig in die entstehende Stille einige erneute Worte hinein und deutete schließlich, als sein Gegenüber kaum Nennenswertes entgegnete, konsterniert auf die hinter den beiden Kontrahenten nach wie vor liegende Stadionschüssel.

Da der rötlich Behaarte nur kurz und mit scheint's geringem Interesse über die Schulter blickte, ruderte der Blonde nochmals mit kreisförmigen Armbewegungen vor ihm herum, konnte dann aber endlich ablassen von solchem Tun, als der Kleine seinen Kopf unlustig durch die »Arena« schwenkte und anerkennend die Zähne bleckte. Wie zur Bestätigung erschien nun eine matt leuchtende Bildunterschrift, die einerseits bestätigte, daß Kalli da war, andererseits auch den anderen anstrahlte und gleichfalls anmeldete: einen Herrn Poschmann. Doch betreten blickten beide zu Boden, während eine größere Ansammlung von Fußballerkörpern sie schnell vom Bildschirm zu verdrängen begann.

Schon wenige Tage später waren sie wieder da. Zu recken und zu strecken schien sich nun der Kleine, als wolle er die Größe des anderen nicht allzu offenkundig werden lassen. War er sich beim ersten Treffen mit Herrn Poschmann noch allzu blaß vorgekommen, so gab's jetzt keinen Anlaß mehr für solche Bedenken. Kalli hatte sich in der Mitte des Fernsehbildes postiert und festgesetzt, zur eigenen Sicherheit von einigen extra Schoppen Rotwein angefeuert. Als er vom großen Blonden neben ihm erneut beim Namen – »Kalli« eben – gerufen wurde, rieb er sich grad so die Hände und redete wie von einem eben noch auszuhaltenden Druck befreit frisch beglückt vor sich hin.

Jedoch, echte Erleichterung brachte es nicht. Nicht nur schien teuflische Hitze zu wallen. Nein, nun hub auch noch der mit einem nicht unsympathisch wirkenden sandfarbenen Anzug und angenehmer Gesichtsbräune versehene Blonde an, fuhr mit einem langen Arm erneut in das hinter ihnen liegende Stadion hinein und blies ihm, dem Kalli, eine feine Brise ins Gesicht. Nein, da wurde es Kalli zu arg: Er öffnete den Mund und polterte los, die ihm rasch wirkungsstark erscheinenden Bewegungen seines roten Kopfes mit einem energischen Schulterzucken unterstützend und absichernd und flink die Worte mit entschiedenen Armübungen nach oben treibend. Auch der Große, der Blonde sollte sie vernehmen. Der war tatsächlich flugs etwas konsterniert, mühte sich aber dennoch, aufrecht stehen zu bleiben, und sprach taktisch unbedarft knapp mitten in das unvermindert auf ihn herniederknallende Gebrülle Kallis hinein. Als auch das nicht helfen mochte, legte er die leere Hand verzagt an die Naht seiner sandbraunen Anzughose und blickte verstohlen auf die Anzeigetafel.

Ganz unbesiegbar sperrte Kalli das Mundwerk wieder auf und ließ den herausströmenden Worten immer ungeordneteren, noch freieren Lauf. Und dröhnte. Und drängte. Da aber hatte Poschmann eine Idee. Er ruckelte sehr vorsichtig und umsichtig und so, daß niemand es merken durfte, seine rechte Hand in der Hosentasche zurecht und legte ein Taschentuch bereit. Und bald war es geschafft: Poschmann nutzte eine »Gesprächspause«, zog sein Sacktücherl heraus und schob es Kalli zu. Dabei vermochte er mit seinem Ellenbogen leicht dessen Schulter zu berühren. Und der wiederum nahm das Tuch und wischte sich über die Stirn! Und zwinkerte sogleich erleichtert zur Kamera hin. Das Eis war gebrochen. Und es rang sich ein geheimes Du über beider Lippen. Kalli.

Bei ihrem nächsten Treffen steckte das Sacktücherl natürlich in Poschmanns Anzugjacke und leuchtete dem Kalli schon entgegen. Der hielt sich nun sehr aufrecht, im leichten Hohlkreuz, und legte sein Gesicht wachsam ins Licht. Rosig glänzte es vom Bildschirm. Bald begann auch Herr Poschmann wieder mit dem Mikrophon auf ihn, der sein Freund werden sollte, zu zeigen. »Kalli«, sprach er sehr fest und wandte sein geöffnetes Jackett zur Kamera, um zu erfahren, ob gut gewesen war, was er da gesagt und getan, und ging ein wenig in die Knie und streckte fordernd und freundlich dem Kalli abermals sein Gesprächsmikrophon entgegen. Und sogleich konnte der nicht anders: sprach hinein, trug mit geschwind wippenden Lippen vor und begann, bald den einen und den anderen Arm zu heben, wiegte den Kopf hin und her, sah mal hierhin, mal in die Kamera, mal auch zum Poschmann hinüber, und legte zum guten Schluß vorm Ränzlein die Hände wieder zusammen, wo ein Jackett artig zugeknöpft geblieben war.

Nicht müde wurden die beiden, sondern immer eifriger, gleichsam aufgeregter, die neue Bekanntschaft schon ein wenig feiernd im sanft vorwärtsstrebenden wechselseitigen Deuten und Plappern. Immer öfter kamen sie sich so näher. Zum Abschied, als im Hintergrund bereits das Publikum zu toben begann, klappte der lange Blonde sogar mit der rechten Schulter nach vorne und berührte den Kalli diesmal ganz unverhohlen.

Nur wegen dieser schönen »Szene« half der Kleine dem Poschmann wahrscheinlich später aus dem Anzug, bevor sie dann beide, die sandfarbenen Blazer über ihre Stuhllehnen gehängt, bei einem Bier ihre nächsten Schachzüge besprachen. Doch das bleibt im Dunkeln.

Jedenfalls gingen die nächsten Treffen vertrauensvoller, ja noch vertrauensseliger »über die Bühne«. In den mittlerweile aufgekommenen kühlenden Wind hielten sie keck ihr Haar. Während es dem Kalli seinen Schopf aus der Stirn blies, flog des Poschmanns Scheitel seitwärts und nach hinten weg, um eine sehr propere Mannsvisage zu enthüllen. Auch schien Poschmanns sandfarbener Anzug jetzt verstärkt mit Kallis Tropenuniform zu harmonieren. Wie beseelt galt es ja auch schon wieder, an die »augenscheinlich nachlassende« »Hitze im Stadion« zu erinnern.

Es waren glückliche, geklärte Verhältnisse. Von der sachten Berührung eines Ellenbogens bestärkt, formulierte Poschmann nun sehr nachdrücklich auf den Kalli zu: ob denn »das gezeigte Spiel das erwartete Aufeinandertreffen zweier Spitzenmannschaften« sei. Wobei er jedoch, wie um sich quasi en passant rückzuversichern, durch das verschwörerische Senken der Stimme den Kalli um Zustimmung bat.

Kalli war einverstanden: besann sich, äußerte ein »Jaaaaah« und ein »Neiin«, machte klar, daß er mit einigem um sich herum einverstanden sei, mit anderem wiederum überhaupt nicht, und nickte, als zöge er ein Resümee, dem Stadion zu.

Ziemlich klar wurde ihm bald, daß Poschmann inzwischen nachdrücklich auf »die Zuschauerinnen und Zuschauer« anspielte, denen doch das Spiel zu erläutern sei. Nun ja, beschied Kalli also der Welt, »Möllers Leistung ist ja für jeden erkennbar«. Und zu verstehen gab er, daß es ja gerade Reuter sei, der »den Bulgaren dek-ken« müsse. Und daß die Einsatzbereitschaft allgemein für gut befunden werden könne.

Seinen nächsten Einsatz gab Kalli in grüne Karos ge-hüllt und mit einem sanften Rucken des seitlich sauber ausrasierten Schädels. Poschmann war diesmal schon im Bilde. Denn er hob an und schlug vor, man möge sich doch die »entscheidenden Szenen des ersten Abschnit-tes« ansehen. Und siehe: Da flackerten sie schon vorbei, Kalli und Poschmann dazwischen, klar und deutlich zu vernehmen: »Nun ..., jetzt also«, hieß es, »... hier hätte Sammer...« was machen sollen, dann, als ein Ball flog: »das dürfte das Spiel maßgeblich...« und »die Räume öffnen«, und als die Lederkugel wieder zurückflog, war anzumerken, daß es ja doch überraschend sei, »wie schwach die Russen« spielten.

Der aber unterdessen noch stärker als früher sengen-den Sonne wollten beide kaum mehr Beachtung schen-ken. Von weitaus Schlimmerem war Kunde zu geben. Kohler nämlich, so wurde bald klar, habe durchaus Schwierigkeiten bei der Ballbehandlung und die Hinter-mannschaft noch Abstimmungsprobleme gezeigt. Doch darum allein ging es nicht, sondern um etwas im Grun-de ganz anderes. Poschmann ließ es sich nicht nehmen zu behaupten, »Sie, Kalli, das weiß der Zuschauer ja, waren seinerzeit...« – und richtig: Der so Benannte sprang, forsch die Kamera fixierend, in die Bresche. »Er als Trainer« hätte längst »in dieser Situation«: gehan-delt. Beide begannen sich forsch zu erinnern, auch ans »legendäre sieben zu drei von Bayer Uerdingen« – halt aber nicht, weil es ihnen evtl. sogar ausnehmend gefallen hatte. Sondern um noch sicherer und in größter Über-einstimmung urteilen zu können: »Den muß er natürlich versenken.«

Gleichmäßig pulsierte in ihren Backen das Blut. Mo-nat für Monat liehen Kalli und Poschmann, die »Bericht-erstatter«, Poschmann und Kalli, die »Zwei«, dem We-sentlichen des Fußballsportes ihren Ausdruck, leicht

54

schwankend, wie nebenbei im Wind sich wiegend, in einer immer stetiger fortgesetzten Bewegung. Einer Bewegung geistiger Vereinigung und dioskurischen Esprits, einer Bewegung von Großhumanität und praktisch praktiziertem symbolischen Interaktionismus im Geiste wohl des Godesberger Programms.

Kalli allerdings bespricht neuerdings jeansbewehrt und leicht blondiert einen Herrn Kürten. Und Herr Poschmann kultiviert seine als erprobt geltende Interviewtechnik im Tête-à-tête mit Eishockey- und Eiskunstlaufstars vor der Kulisse eines sog. *aktuellen Sportstudios*.

Leugnen mag das alles der Betrachter nicht. Schade und im Grunde gar zu blöde ist es aber doch.

»Ist es denn die possibility!«
Wolfgang Ley, der Klückliche

René Martens

Spätestens seitdem das sogenannte Privatfernsehen in
der Berichterstattung über Fußball eine maßgebliche
Rolle spielt, amüsieren sich Menschen mit einem noch so
kärglichen Rest von Sprachgefühl regelmäßig über die
Formulierungsinsuffizienz von Fußballreportern, ihre
Marotten und ihren Humor. Die meisten Kritiker geben
vor, ihnen gehe das Gerede einfach auf die Nerven, und
nur wenige sind bereit einzugestehen, daß dieser
Sprachmüll eine ähnliche Faszination auf sie ausübt wie
andere Formen von Trash. Slavoj Žižek hat in einem
ganz anderen Zusammenhang einmal von »unserer Be-
sessenheit für idiotisches Genießen« gesprochen. Daß es
die tatsächlich gibt, weiß ich, seitdem ich kaum eine
Woche mehr überstehe, ohne mindestens einmal Wolfgang Ley auf Eurosport gehört zu haben.

Jeden Montag ab 22 Uhr führt Ley durch die Sendung
Eurogoals, und wenn Zusammenfassungen von Europa-
cup-Spieltagen oder Qualifikationsbegegnungen zur
Welt- bzw. Europameisterschaft auf dem Programm
stehen, trifft man ihn sogar mehrmals pro Woche an.

Charakteristisch für seinen Sprechstil ist der monotone Singsang, in den er besonders dann verfällt, wenn es
gilt, ein Wort auszusprechen, in dem ein Vokal und der
Konsonant n aufeinanderfolgen, oder wenn Ley zwei
Wörter verschleift. Wer sich länger mit Wolfgang Ley
beschäftigt, stellt überdies fest, daß die Wendung »der
Mann aus Brasilien« bzw. auch »der Mann aus Rumä-

nien« ein unverzichtbarer Topos ist, denn ohne ihn ge-
riete sein Gesang womöglich doch einmal ins Stocken, ja
ohne ihn, den Topos, wäre Ley keinesfalls »klücklich«
(Ley). Weiß man darüber hinaus, daß Ley gern »Ist es
denn die possibility!« herausruft, und weiß man, daß er,
wenn er Frankreich meint, immer »Fronkroich« sagt
bzw. sogar »Fronkroisch« – dann kennt man seinen Ley,
ohne freilich schon ganz genau zu wissen, was den
Klücklichen letztlich zu einem der interessantesten Moderatoren des deutschen Fernsehens macht.

Was genießen wir Idioten an ihm? Seinen Humor.
Wolfgang Ley produziert nämlich Kalauer ohne Unter-
laß, und als ob das nicht reichte, hat er sich auch noch
auf dessen abgeschmacktestes Subgenre spezialisiert:
die Witzelei mit Personennamen. So unterrichtet er uns
während eines Qualifikationsspiels der bulgarischen
Auswahl über »Letchkov, der die Deutschen bei der WM
über den Jordan brachte«. Anläßlich des französischen
Pokalfinales zwischen Paris Saint Germain und Racing
Club de Strasbourg hört man was von »Daniel Bravo,
der seinem Namen heute wieder mal alle Ehre macht«,
und bei einem Punktspiel der Serie A findet Ley:
»Schaun wir uns den Schuß noch mal an von Gianluca
Festa, ein fester Schuß!«

Ley kennt sich aber nicht nur mit Fußball aus, wie
eine Bemerkung über Monacos Abwehrspieler Gilles
Grimandi beweist. Der sei »nicht zu verwechseln mit
Grimaldi, so heißt ja die Fürstenfamilie«. Ein andermal
erfahren wir direkt aus Eindhoven, daß der Bochumer
Glücksspiel-Unternehmer Faber nicht nebenbei beim
PSV spielt (»ein Foul von Faber, nicht vom Lottokönig,
sondern vom Abwehrkönig«). Zu einem Stürmer von
Bröndby Kopenhagen fallen ihm dann sogar zwei Wortspiele ein. »Ruben Bagger kommt, um vielleicht vorne
noch ein bißchen zu baggern«, und unmittelbar darauf:
»Ruben, nicht Rubens.« Europäischer Adel, Glücksspiel,
Kunst – wer über eine so einwandfreie Allgemeinbil-
dung verfügt, der darf natürlich nicht nur über Fußball
berichten. Im April 1995 kommentiert Ley Bilder von

der Eishockey-WM, bei der glücklicherweise ein schwedischer Spieler namens Dackell – »Da hat der Dackell gebellt« – ein Tor erzielt.

Weil alles so schnell gehen muß, kann es natürlich auch mal passieren, daß ein Witz verreckt. »Angelo Vier hat sich da fünffach eingesetzt.« Der Satz ist nicht nur eine grammatikalische Katastrophe, sondern obendrein schlichter Unfug, denn Angelo Vier hatte nur ein harmloses Foul begangen. Wie leicht hätte es heißen können: »Vier, das heißt auf italienisch quattro, aber trotzdem ist Angelo Vier nicht der Sohn von Suzi Quatro«!

Nur ein einziges Mal hatte Ley über einem Kalauer schwer zu brüten. Es geschah, denkwürdig genug, am 20. März 1995, als im Zusammenschnitt einer 0:6-Niederlage von Nijmegen gegen Ajax Amsterdam zwangsläufig einmal mehr der Torwart des Verlierers gezeigt wird. Wilfried Brookhuis heißt er, und Ley nennt seinen Namen dann auch, spricht ihn allerdings »Brockhaus« aus. Und dann? Ruhe. Fünf, sechs Sekunden Schweigen, bis Ley ergänzt »... könnte ein Buch schreiben über Ajax«.

Der 20. März 1995, der Tag, an dem das Fernsehen die Kalauer-Frühwarnzeit entdeckte – für Ley kann es kein guter gewesen sein, denn noch in derselben Sendung reagiert er mit keinem Wort darauf, daß die Mannschaft des MVV Maastricht in Trikots mit dem Aufdruck »CSU« zu sehen ist.

Gelegentlich produziert Ley allerdings Kalauer, die seine Fähigkeit verraten, in Assoziationen zu denken. »Schiedsrichter ist Mister Don aus England. Er wird seine Kosaken schon im Griff haben« ist so ein Fall, und auch eine Bemerkung über den luxemburgischen Auswahltorwart Koch hält das Niveau: »Er zeigt, daß er nicht der Graf von Luxemburg ist, sondern nur der Koch von Luxemburg.« Leys Assoziationsvermögen wird dann besonders stark gefordert, wenn der Name eines Spielers kalauerspezifisch partout nichts hergeben will und Ley deshalb auf dessen Herkunfts- oder Wohnort zurückgreifen muß. »Eigentlich nur ein Harzer Roller, aber er geht ins Tor« kommentiert er einen Treffer des aus dem Harz stammenden Bremers Marco Bode. Anlaß zu einem ähnlich runden Wortspiel gibt ein Schaffhausener Spieler (»der Mann vom Rheinfall – aber er ist garantiert kein Reinfall«). Und was macht der irische Stürmer Paul Cascarino mit seinen Gegenspielern? »Richtig irre« macht er sie. Kein Wunder deshalb, daß Ley über Spiele des AS Cannes besonders gerne berichtet.»Dann aber Cannes. Die Mannschaft kann es«, freut er sich, nachdem in Rennes der Ausgleich gefallen ist. Vier Monate später, als man bei Lens den Gleichstand erzielt, stellt er fest:»Cannes kann es noch.«

Warum macht ein Mensch so was? Vor allem: Warum gebärdet er sich auch noch so, als seien seine Kalauer Meilensteine der Humorgeschichte?

Die Ley-Forschung kennt drei Hypothesen. Nummer eins besagt, der Berichterstatter habe sich – dem harten Fernsehgeschäft zum Trotz – die Naivität eines Kleinkindes bewahrt, das den Kalauer gerade dann mit aller Freude zelebriere, wenn es bemerke, daß ein neues Wort zum ersten Mal richtig über die Lippen gegangen sei. Vehemente Gegner dieser Theorie vertreten – zweitens – die Auffassung, Ley sei ein subversiver Humorsoldat, dem es gelinge, mittels massiv eingesetzter Leyismen bewußt einen starken Ekel zu erzeugen, der sich im Verlauf hartnäckigen Zuschauens aber mit großer Sicherheit in Bewunderung auflöse.

Am abwegigsten scheint allerdings die dritte Hypothese zu sein. Deren Anhänger glauben, Ley unterhalte ein sexualisiertes Verhältnis zu Witzen und insbesondere zu Kalauern. Sie attestieren ihm Wiederholungszwang. Wird man gewahr, wie er sich über die körperlichen Besonderheiten von Spielern amüsiert, ist eine gewisse Plausibilität jedoch nicht von der Hand zu weisen. Besonders Männer mit Glatze haben es ihm angetan. »Der kann sich ohnehin mit dem Schwamm kämmen«, urteilt Ley im März 1995 über einen durchnäßten Kahlköpfigen aus der Elf von Paris Saint Germain. Acht Monate später – Ajax und Gremio Porto Allegre spielen den Weltpokal aus – entdeckt er im Team der Niederländer »Reiziger, der sich mit dem Schwamm kämmen kann«. Und den kopfhaarlosen Bogdan Stelea, Torwart des rumänischen Auswahlteams, nennt Ley »Kojak«.

Am deutlichsten offenbart sich Leys Wiederholungszwang im Fall des Pariser Spielers Patrick Loko. Seit Monaten plaudert er in nahezu jeder *Eurogoals*-Sendung munter aus, was dem Kicker vor nicht allzulanger Zeit widerfuhr: Er habe »in einer Bar randaliert«, weil ihn seine Freundin verlassen hatte, daraufhin sei »der Verrückte« in eine »Anstalt« eingewiesen und später folgerichtig als »geheilt« wieder entlassen worden. Ganz vernarrt in diese Story, wagt Ley eines Abends aber eine doch allzu rätselhafte These: »Wenn man sieht, wie er sich geläutert hat, hat man auch wieder Hoffnung im Fall Mario Basler.« Hm.

Was macht Ley sonst noch so? Was macht ihn aus? Er liebt das Nebensächliche und teilt es in aller Ruhe wieder und wieder mit. Wie oft erwähnt er innerhalb von fünfzehn Minuten, daß der Schiedsrichter einer UEFA-Cup-Paarung mit Inter Mailand aus Sreveningen kommt? Viermal! Daß Marco Delvecchio ein »Schwalbenkönig« ist? Dreimal! Daß dessen Mitspieler Nicola Berti »Crazy Horse« genannt wird? Ebenfalls dreimal!

Viel zu selten versucht sich Ley im Grunde als Poet. »Nicht nur der Mond schien hell, sondern auch der Stern eines Spielers ging auf in der zweiten Halbzeit bei Bastia«, überkommt es ihn unter Flutlicht, und einen Kikker des portugiesischen Clubs Salgueiros lobpreist er mit den Worten: »Renato, Renato schießt Tore wie Chocolato!« Ein Jammer, ein Elend, ein Verdruß übrigens, daß Ley nur gelegentlich zur politischen Analyse schreitet. Anläßlich der WM-Qualifikationsauslosung im Dezember 1995 hält er aber wenigstens fest: »Die Explosion der teilnehmenden Staaten ist natürlich darauf zurückzuführen, daß die Sowjetunion geteilt wurde, daß Jugoslawien geteilt wurde, um nur einige zu nennen.« Gern hätte man mehr erfahren – wer sonst noch so »geteilt« wurde zum Beispiel.

Immerhin ist es durchaus möglich, daß uns Ley schon in naher Zukunft mit Vorstößen in selbst für seine Verhältnisse avantgardistische Gefilde erfreuen wird. Zumindest ein kürzlich während des EM-Qualifikationsspiels Portugal – Nordirland gefallener Ausspruch deutet darauf hin. Als Ley nämlich die Mannschaftsaufstellung der Nordiren zum Vortrag bringt und bei einem Spieler namens Lennon anlangt, gibt er zu verstehen, dieser sei »nicht John Lennon, sondern Nigel Lennon.«

Das ist verblüffend. Woher, zum Teufel, kennt Wolfgang Ley John Lennon?

»Das Spiel läuft seit etwa zehn, zwanzig Minuten.
Sie haben sicherlich noch nichts versäumt.
Wahrscheinlich ein erstes Abtasten, wahrscheinlich
tun sich beide Mannschaften im Aufbau noch schwer,
vielleicht würde ein Tor dem Spiel jetzt...«

Der Marathonredner
Béla Réthy in Südafrika

Klaus Bittermann

Es war Advent, die Zeit der Versöhnung und der Besinnung, weshalb ich milde gestimmt war, als der Mann, der auf den schönen Namen Béla Réthy hört, das letzte Spiel der deutschen Nationalmannschaft im Jahre 1995 gegen Südafrika in Johannisburg moderierte. Béla Réthy sprach zu uns, und er sprach ohne Pause. Er sprach mit einer wissenden, einer seriösen Stimme zu uns, als wollte sie vor allem eins, nämlich jedes Mißtrauen über den Sinn seiner Worte zerstreuen.

Béla Réthy ist ein Marathonredner, der das Spielgeschehen moderiert, als würde er pro Wort bezahlt. Das ununterbrochene Reden braucht Nahrung, d.h. viele rund ums Mikrophon zurechtgelegte Notizen. Auf diese Weise präpariert, ist er in der richtigen Aussprache eigenartiger Namen geübt. Über die fremden Sitten und Gebräuche in Südafrika hat er sich kundig gemacht. Die Zeiten, als sich Rudi Michel noch unwissend und feixend auf die Schenkel klopfte, weil irgendwelche Fußballexoten den Ball nach vorne spielten oder nach Ecken sogar in Führung lagen, sie sind vorbei. Nein, da gibt es nichts zu lachen, wenn es am Ende der Partie »nach Chancen acht zu sechs für die Südafrikaner steht.«

»Ja gut« (Rummenigge u.a.), es gibt »keine öffentlichen Verkehrsmittel in Johannisburg«, klärt Béla Réthy uns über den nicht zum besten stehenden verkehrstechnischen Zustand in anderen Weltregionen auf, aber ein »recht gutes Kopfballverhalten« haben sie, ja sogar »präzise schießen können sie«, weshalb Berti Vogts durchaus gut daran getan habe, plaudert Béla Réthy aus dem Nähkästchen, »diese Mannschaft ernst zu nehmen«, als ob Berti Vogts schon jemals das Gegenteil behauptet hätte, etwa dergestalt: »Über diese Trauergestalten, da lach' ich doch nur! Hahaha! Wär' ich ja schön doof, wenn ich die ernst nehmen würde.«

Aber ganz so ernst kann Béla Réthy die guten Leutchen da unten ja auch nicht nehmen, denn, so gibt er zum besten, fußballerisch liegt in Südafrika einiges im argen, da sind »böse Ausschreitungen an der Tagesordnung«, Trainer erschleichen sich Lizenzen und verprügeln Journalisten (üble Geschichte, das!), Vereine bleiben die Ablösesummen schuldig, und einer der südafrikanischen Spieler nennt sich gar Doktor, obwohl »der noch nie eine Universität von innen gesehen hat«. Da ist noch eine Menge Entwicklungshilfe zu leisten, bevor sich unsere Standards vom unrechtmäßigen Gebrauch eines akademischen Titels durchsetzen werden, da müssen noch eine Menge »harter Einheiten im Training gefahren werden«, aber solange »die Hand nicht zum Ball geht«, solange dürfen diese seltsamen Menschen mit den lustigen Namen nicht ausgegrenzt werden.

Makalakahane heißt der Star der südafrikanischen Mannschaft, dessen Namen Béla Réthy vor lauter Begeisterung gar nicht oft genug in den Mund nehmen kann. Makalakahane. Makalakahane. Makalakahane. Wie das auf der Zunge zergeht! Da setzt sich Makalakahane auf der linken Seite durch, Makalakahane flankt, »aber bis man den Namen ausgesprochen hat, ist der Ball bereits am Sechzehner«, gibt Béla Réthy traurig die Untauglichkeit vielsilbiger Namen im Strudel des Kommentars bekannt. Schade. Makalakahane. Wie spröde und von schlichter Einfalt dagegen die mit einer Silbe weniger auskommende Beschreibung eines Spielzuges der Deutschen: »Klinsmann, Möller und Ecke.«

Daß sich nun auch in der biederen Fußballreportage die Markwortisierung durchzusetzen beginnt, das hemdsärmlige »Fakten, Fakten, Fakten«-Geprahle, nein,

das ist nicht schön. Durch diese Faktenaufbereitungs-
anlage aber schleust Béla Réthy jeden Spieler hindurch,
der gerade am Ball ist. An der Statistik ist schließlich
nichts Schlechtes. Zahlen lügen nicht. Die Statistik ist
objektiv, beeindruckend und völlig ohne Belang.

Statistik für alle Lebenslagen: Bobic liegt verletzt am
Boden. Überraschenderweise sagt Béla Réthy nicht:
»Bobic liegt verletzt am Boden.« Schade eigentlich, denn
dadurch wäre uns die beruhigende Gewißheit vermittelt
worden, daß die Bilder uns nichts vorgaukeln. Statt
dessen liest er von einem Zettel mit der Aufschrift »Bobic« ab: »In der Bundesliga führt Bobic mit zwölf Tref-
fern die Torschützenliste an.« Aha, denke ich, daran
liegt es also, daß Bobic am Boden liegt und sich krümmt.

Aber inzwischen hat das »Niveau merklich nachgelas-
sen«. Darüber will Béla Réthy uns nicht täuschen, und
schonungslos übt er mit gedehnter Stimme Kritik, die
sich vom üblichen flockigen Geplauder schon akustisch
leicht unterscheiden läßt: »Nach einer halben Stunde
(Pause) muß man feststellen (Pause), eine Überlegenheit
(Pause) der deutschen Mannschaft (Pause) ist nicht
festzustellen (Pause).«

Am Ende des Spiels nagt dann aber doch noch der
Zweifel, ob er sich mit dieser Kritik im öffentlich-rechtlichen Raum nicht vielleicht zu weit aus dem Fenster
gelehnt hat. Bloß nicht mißverstanden werden, dachte
sich Béla Réthy, und bevor eine ganze Nation in Trüb-
sinn verfallen konnte, tätschelte er ihr beruhigend das
Patschehändchen und eröffnete einen positiven, ja geradezu staatstragenden Ausblick aufs neue Jahr: »Das
Imagetief der deutschen Mannschaft ist überwunden,
trotz der etwas holprigen zweiten Halbzeit.« Na, wer
sagt's denn! Es geht doch.

Da wurde dann doch noch alles gut, da unten am Kap.
Es war ja auch nur ein Freundschaftsspiel zur Weih-
nachtszeit, und da gönnt man den Amateurkickern aus
dem Entwicklungsland schon mal ein kleines Erfolgs-
erlebnis. Man ist ja kein Unmensch.

Zwischen den Werbeblöcken
Ulli »Mario« Potofski

Knud Kohr

An einem Sommerabend, der durch ganz besondere Lauheit zu bestechen wußte, lernte ich Ulli Potofski schätzen. Es begab sich im Juli des Jahres 1988, genauer gesagt am 23., und es war kurz vor acht. Anfang desselben Jahres hatte der Fernsehsender RTL für einen Betrag, der dem äthiopischen Verteidigungshaushalt um nichts nachstand, die Bundesliga-Übertragungsrechte erworben und versuchte nun, der ARD-*Sportschau* mit einer neuen Fußballsendung das Wasser abzugraben. Name des Unternehmens: *Anpfiff.* Untertitel: »Die totale Fußballshow«. Werbeslogan des Senders: »Wollt Ihr die totale Fußballshow?!« (Bei einem der drei vorangegangenen Sätze handelt es sich übrigens um eine Pointe.) Sendezeit: samstags, 18.50 bis 22.00 Uhr. Moderator der ersten Sendung: eben, Ulli Potofski.

Da saß er nun also, der gar nicht mal so üble Live-Kommentator, mit seiner Frisur, die stark an die Brustbehaarung von Tom Selleck gemahnte, seiner Krankenkassenbrille und versuchte, sich betont locker durch den Drei-Stunden-Koloß zu schweinsäugeln. Was er aber zu bieten hatte, war aufgedunsen, übergewichtig, totgeboren und alles in allem etwa so locker wie ein breitgetretener Kuhfladen: Werbeblock jagte Werbeblock, Publikumsspiele wechselten in wirrer Folge mit Talks, die dem Wort *small* neues Leben einhauchten, und als Potofski nach einer knappen Stunde endlich den ersten Spielbericht anzusagen und als Hammer zu verkaufen hatte, da flüsterte er mit sichtlicher Pein: »Hannover 96 – Karlsruher Sportclub«.

Dieser Moment, jenes letzte Aufflackern von Schamgefühl und realistischer Einschätzung der gebotenen Fußballshow inmitten uferloser kommerzieller Abzockerei, ließ mich Potofski schätzen lernen. Nach nur einer Saison stellte RTL *Anpfiff* ein, und Potofskis Karriereast war danach noch etwa so aufsteigend wie der einer Trauerweide.

Wo aber begann Potofskis Laufbahn, die an jenem denkwürdigen Abend so entscheidend geknickt wurde? Eine anständige Karriere ist ohne vorherige Geburt nicht denkbar. So auch bei Potofski, der das in Gelsenkirchen erledigen ließ und deshalb bis heute dazu neigt, in seinen Kommentaren die Schalker Knappen nicht zu knapp zu belobigen. Menschen, die mit hoher Konzentration am Kulturleben teilhaben, bot sich Anfang der achtziger Jahre die erste Chance, Potofski wahrzunehmen. Denn da war der Arme skrupellosen Schlagerproduzenten in die Hände gefallen, die ihn flugs in »Ulli Mario« umtauften und ihm überdies eine Frisur verpaßten, die aussah, als sei Tom Sellecks Brustpartie in einen Eimer mit Haarwasser gefallen und hätte dort die Sommerfrische verbracht. Ulli Potofski besang die beiden betroffen machenden Singles »Lauf nicht vor der Liebe weg« sowie »Ich kann an keinem Girl vorbeigehen« und ersparte es sich, danach in der Versenkung zu verschwinden, da er nie aus ihr aufgetaucht war.

Weil aber die Privatsender in jenen Zeiten machtvoll ihr häßliches Haupt erhoben und alles einkauften, was nicht stotterte, erbarmte sich Radio Luxemburg und stellte den darbenden Belcanteur ein. Seine nächste Karrierestation war die eines Chefsprechers beim italienischen Privatsender Radio Brennero. Dort weilte er allerdings nicht allzulange, denn schon bald bewies er Rückgrat oder – ich weiß es bis heute nicht – doch kompletten Realitätsverlust, als er sich der Puppenbühne »Die Zankis« anschloß und mit ihr fortan durch die Lande zog.

Wen aber Radio Luxemburg einmal in seinen Fängen hat, den läßt es so schnell nicht wieder los. Mittlerweile zum TV-Monstrum RTL aufgedonnert, zwang man Potofski unter massiver Androhung von Gehaltszahlungen als Tennis- und Fußballkommentator zurück unter die Fittiche und letztlich auf den Moderatorenposten von *Anpfiff*.

Seit dem 23. Juli 1988 ist Potofskis Rückgrat gebrochen. Verläßt er seitdem ab und an die Redaktion, so sind Handlungen von erlesener Peinlichkeit vorprogrammiert. So etwa 1993. Nachdem sich deutsche Arschlöcher in Solingen und Mölln ganz besonders arschlochig aufgeführt hatten, war sich Potofski nicht zu schade, in der ZDF-*Hitparade* zusammen mit anderen Abgehalfterten wie Jürgen Drews und Cindy Berger ein Lied für Ausländer und Toleranz und so zu flöten, um bestürzenderweise damit auch noch zu siegen. Und falls Sie in Ihrer Privatwohnung einen Sportlerpreis vergeben wollen, rufen Sie Potofski an. Er kommt ins Haus und moderiert für kleines Geld.

Schauen wir uns Potofskis Lebenslauf noch mal in aller Ruhe an, dann können wir nur zwei Aussagen treffen. Die erste: Arme Sau. Die zweite: Möchte ich nicht geschenkt haben! Echt nicht. Außer vielleicht diesen einen kleinen Moment, der bis heute bewirkt, daß ich immer, wenn zwei minderbemittelte Teenager unter massivem Einsatz von Tennisbällen via RTL oder VOX aufeinander losgehen, denke: Na, wenigstens moderiert Ulli Potofski!

»Auwei, auwei! Allmächt! Allmächt!!«
Bravo Günther Koch

Gerhard Fischer

Eins ist klar: Nürnberg muß wieder in die Bundesliga. Weil die Samstagnachmittage wieder Samstagnachmittage sein sollen: in der Badewanne liegen und Radio hören von halb drei bis fünf vor fünf, Bayerischer Rundfunk, erster Kanal: *Heute im Stadion*, und von fünf vor fünf bis viertelsechs, egal auf welchem Sender, die Konferenzschaltung des WDR. Und sich richtig freuen, wenn es heißt: »Hallo Nürnberg, hallo Günther Koch, hören Sie uns?« Freuen auf Günther Koch, den besten lebenden Fußballreporter deutscher Zunge, den leidenschaftlich parteiischen Nürnberg-Fan, den sympathischen Heldentenor, der moduliert und beschleunigt wie alle seine Kollegen, der aber fanatisch ist und nicht zu grausigen Metaphern greift, sondern vor Begeisterung schreit, wenn ein Tor fällt; der die Spieler beim Spitznamen nennt, der die größte Tugend des Radioreporters besitzt, nämlich ein Tor voraussehen zu können, und der zum Unglück aller, die vor den Radios hocken, immer dann, wenn der 1. Fußballclub Nürnberg absteigt, zur Rarität wird.

Doch wer in Spielzeiten wie der aktuellen leidet, weil die Kochsche Reportage so selten ist, der weiß nicht, wie Leid und Schmerz und echte Tragik Günther Koch befallen, wenn der Club, der 1. FCN, verliert und in die Zweite Liga muß: zum letzten Mal geschehen in der Saison '93/'94, als der Schiedsrichter in der zwölften Minute des entscheidenden Spiels der Nürnberger beim BVB Elfme-

ter pfeift und alle Beschwörungen nichts nützen, End-
stand 3:1: »Michael Zorc gegen Andreas Köpke. Der Ball
liegt nicht auf dem Punkt, der liegt vor dem Punkt. Das
sieht man ganz klar, aber der Schiedsrichter gibt ihn
frei. Jetzt kommt der Anlauf, und der Köpke hat ihn
gehalten! Superköppi!! Nachschuß, Achtung, auf der
Linie, Tor.« Tor gegen Nürnberg. Da greint der Günther
Koch los, »die ham ein Pech, die Jungs, die haben so viel
Pech«, daß es einem vorm Radio fast das Herz zerreißt.
Doch dann faßt er sich wieder, unterdrückt die Tränen,
konstatiert und macht allen Hoffnung: »Null zu eins
gegen den 1. Fußballclub Nürnberg, und, liebe Clubfans:
Dennoch, noch ist nichts verloren.« Und als später trotzdem alles verloren ist und es aus dem Studio heißt: »Tja,
Günther Koch in Dortmund, wenn's so bleibt, ist der
Club, ist Ihr Club abgestiegen, oder?«, reichen Koch zwei
Wörter für den Konter: »Unser Club.« Auch wer nicht
dem FCN anhängt, merkt irgendwann, und sei es erst
nach Monaten oder Jahren: Es ist unser Club, der abgestiegen ist, der Club des Günther Koch, dessen Reportagen wir brauchen und die uns jetzt fehlen.
    Drei Abstiege haben Koch bis heute zugesetzt, seit er
1977 beim Spiel FC Bayern Hof gegen FC Augsburg sein
Debüt als Radioreporter gab. Und doch blieb Koch der
Bundesliga-Berichterstattung immer erhalten, auch
wenn die Clubberer die Klasse nicht mehr halten konnten. In solch traurigen Radio-Spielzeiten hat BR-Sport-
chef Franz Muxeneder manchmal ein Einsehen und
schickt ihn nach München zu Sechzig oder zu den
Bayern, die im aufregendsten Spiel der laufenden Saison auf den VFB Stuttgart trafen.
    Ein glücklicher Reporter war Günther Koch an jenem
unvergessenen 28. Oktober 1995. Die Spieler beider
Mannschaften liefen zu Höchstform auf, und er tat es
ihnen gleich. Nachdem Strunz das 2:0 für die Bayern
geschossen hat (»Der beste Mann macht die Kiste«),
wird kurz darauf Scholl gefoult. Der Schiedsrichter gibt
Elfmeter, und Günther Koch setzt einen Markstein in
der Geschichte der Bundesliga-Livereportage, indem er

eine Blitzumfrage unter seinen Kollegen startet. Er hat es nämlich anders gesehen: »Das war vor dem Sechzehner, das war vor dem Sechzehner [...] Ich frag' einen Kollegen. Was meinst Du, war des a Elfer oder keiner?« – »War kein Elfmeter.« – »War keiner, des sagt der österreichische Spezi. Jetzt läuft der Scholl an und macht das 3:0. Jetzt frag' ich einen anderen Kollegen. Aber das Tor war trotzdem schön?« – »Ja, das in jedem Fall.« – »Jetzt frag' ich den nächsten Kollegen. War des a Elfer, oder war des keiner?« – »Nein, es war kein Elfmeter.« – »Das ist der Hans-Peter. Und das ist der Thomas Kattenbeck. Deine Meinung?« – »Außerhalb des Sechzeh...« – »Außerhalb, aber es steht drei zu null.« Genialer, aber auch frohgemuter Günther Koch! Denn das Spiel ist noch lange nicht entschieden, es fallen weitere fünf Tore, und zwei davon sind die schönsten der ganzen Hinrunde. Doch hören Sie selbst: »Das, liebe Freunde, müssen Sie sich ansehen in der *Sportschau*, in der fünftausendsten. Aus der eigenen Hälfte, der Kruse, der blonde Stift, als Vorbereiter. Wunderbar. Dann der Paß auf Balakov. Der schlenzt ihn rüber zum Elber, und der Elber setzt sich ab und nimmt mit seinen weißen Schuhen den Ball direkt mit dem Innenrist. Als Aufsetzer am knallgelben Sweater vom Kahn vorbei.« Nur noch 3:2. Wenige Minuten später schaltet sich Koch wieder in die Schlußkonferenz des WDR ein: »Tooor. Tor in München. Liebe Freunde, ein Bilderbuchtor für den VFB. Drei zu drei. Elber – traumhafter Spitzenfußball von den Schwaben bringt den verdienten Ausgleich. Ich hab's Ihnen gesagt. Sie spielen wie beflügelt. K. und K. Ich rede nicht von der Monarchie, nicht vom Kaiser und nicht vom Herzog, nicht vom König, sondern von Kögl und von Kruse, die kamen in die Mannschaft. Kruse mit dem Kopf auf Elber. Elber im Zweikampf, und zwar gegen Helmer mit Fallrückzieher an der Nasenspitze von Helmer vorbei und an Kahn vorbei ins Dreieck. Drei zu drei, und der Tanz ist noch nicht zu Ende, fünf Minuten vor dem Ende.« Richtig prophezeit: Zickler trifft zum 4:3, und Koch findet die einzig passenden Worte, »Vier zu drei im Olympiastadion. Fußball ist ein so tolles Spiel. Da ist alles möglich«, faßt sich und gibt ab an Armin Haufe, »ich hatte Sie unterbrochen, bitte fahren Sie fort«.

Daß es in München noch mal scheppert, das zu prognostizieren war für Koch ein Klacks, denn er sagt ganz andere Dinger voraus, zwei Wochen später etwa, als 1860 gegen den SC Freiburg spielt und kein Tor fallen will. Da braucht es Kochsche Aufmunterung: »Jens Dowe schön in die Mitte gespielt, und zwar zu Nowak. Nowak, schieß doch endlich. Hau drauf endlich. Schuß. (Torjubel) Tor für Sechzig. Es wurde auch höchste Zeit, mein lieber Freund.«

Hören wir, wie Teiresias erst so richtig weissagt, sobald er sich nicht langweilt, sondern der Club im Einsatz ist, zumal gegen den FC Bayern, da bei Koch alle Dämme brechen und er sich in fiebrige Zustände hineinredet. Am 23. April 1994, es läuft das denkwürdige Spiel mit Helmers Phantomtor, da gibt es Elfmeter für Nürnberg, Spielstand 2:1: »Liebe Freunde, haltet die Luft an. Sutter? Wück? Ich werde von allen Seiten bedrängt. Aber Freunde, warten wir's ab. Strafstoß für, na für wen, für den 1. FC Nürnberg, ganz klar [...] Manni Schwabl legt sich den Ball hin. Auh, das halt' ich nicht für gut. Der Manni und Elfmeterschütze, das ist zwei Jahre her, daß der den letzten Strafstoß schoß. Gegen Aumann. Manni Schwabl gegen Aumann, Nürnberg gegen Bayern. Jetzt geht's um die Wurst. Manni Schuß und – gehalten!! Ich hab's gewußt, ich hab's gewußt! Das – habe – ich – gewußt. Es bleibt beim zwei zu eins für den FC Bayern.«

Ottmar Hitzfeld sagte einmal, Sammer sei ein so herausragender Spieler, weil er das Spiel lesen könne. Mag sein. Koch kann ein Spiel lesen, seine entscheidenden Züge speichern und zu Bildern oder Begriffen verdichten, ganz nach Belieben, vor allem aber, wenn die Bayern spielen. Im Sommer 1994 ist der Club abgestiegen. Koch sitzt deshalb in der Folgesaison mal wieder im Münchner Olympiastadion und kommentiert das 0:2 für den 1. FC Köln, ohne Häme, ohne Neid, und er liest das Spiel: »Polster macht das zwei zu null. Toooor. Zwei zu null für den 1. FC Köln. Eine taktische Meisterleistung, das sieht jeder Fußballfachmann. Zehn Minuten abwarten, dann etwas offensiver werden, dann Polster bringen, dann die Bayern nervös machen – zwei Mittelstürmer, die sich nicht gegenseitig auf die Füße treten, sondern einen wunderbaren Doppelpaß spielen: Polster, Labbadia, Polster, noch drei Schritte, links oder rechts, da macht er's mit rechts. Und ich habe Ihnen angedeutet, da fällt ein Tor, und Sie waren direkt dabei.« Oder als die Münchner in Karlsruhe antreten und Bender zum 1:0 trifft: »Das war Fußball aus dem Lehrbuch, Seite fünfundzwanzig. Toller Fußball von beiden Mannschaften. Bayern hatte angegriffen, dann der Konter. Und sofort haben sich zwei Spieler auf beiden Seiten gelöst, links und rechts. Der Ballführende wartet, wartet, ob Bender angespielt wird. Dann kommt aber links Häßler. Häßler wird angespielt. Dann erst der Querpaß auf Bender, durch die Beine von Oliver Kahn.«

Haßt Günther Koch den FC Bayern München? Mit zehn hat er ihn zumindest nicht gemocht, als er nach München ziehen mußte, weg vom FC Traunstein, und ein zwei Jahre älterer Bub dem Günther klarmachen wollte, daß Bayern der beste Verein ist. »Ich habe ihm gesagt, der FC Traunstein ist der beste Club, und Bayern ist kein Verein, sondern ein Land. Da hab' ich schon eine gekriegt.« Mehr als vierzig Jahre sind seither vergangen, und wenn Günther Koch heute Europapokalspiele der Münchner Bayern im Radio kommentiert, freut er sich mit den »Fans aus Duisburg, aus Emden, aus Borstelried und Fürstenried und wo sie alle herkommen, aus Talmessing«.

Wirklich ausgelassen agiert er aber zu anderen Anlässen – etwa am 6. September 1988, als der 1. FC Nürnberg beim AS Rom das UEFA-Pokalhinspiel sensationell mit 2:1 gewinnen konnte und Koch halb wahnsinnig vor Freude die Wiederkehr reichsstädtischer Zeiten beschwor: »Goooaaal, goooaaal für Norinberga! Norinberga, so steht es in der Urkunde der Stadtentwicklung von Nürnberg. Norinberga ist in Führung.«

Stehen die Münchner auf dem Platz, sieht Koch dafür genauer hin, läßt auch mal den Blick übers Drumherum schweifen, als sei er emotional nicht ausgelastet. Ohne Witz geschieht das nie, wie die Reportage zum 4:1 der Bayern gegen Benfica Lissabon am 21. November 1995 beweist. Als Klinsmann das 3:1 erzielt hat, beschreibt Günther Koch, wie denn bei den Münchnern so gejubelt wird: »Und da macht er Huckepack mit dem Scholl, und der große Hamann, der macht es im Stehen. Scholl huckepack beim Klinsmann, und der Lange, der Hamann, stellt sich hin, macht das Dacherl mit seinen beiden Händen über den in Huckepack bei Klinsmann verharrenden Scholl.« Nach Klinsmanns viertem Treffer sieht das dann so aus: »Und der Diver. Und der Scholli liegt auf dem Klinsmann. Und jetzt kommt noch der Zickler dazu. Ja gibt's denn so was, liebe Freunde.« Man sehnt das 5:1 herbei, aber daraus wird nichts mehr, obwohl es eigentlich gut aussah: »Kostadinov Schuß. Tooor! Nein, an die Unterkante der Latte. Junge, Junge, wie Donnerhall klang es nach Aluminium hinterm Preudhomme, und der weise König Otto schüttelt das dunkle Haupt – warum ist das eigentlich immer noch so dunkel? Das war ein Hammer an die Unterkante der Querlatte. Sie erinnern sich, '66, Sie wissen schon, in Wembley wär' das ein Tor gewesen.«

Sicher, und in Nürnberg auch. Aber bis der Club wieder im Europapokal spielt, bleibt nur eins zu tun: Bei allen UEFA-Pokalspielen und bei allen zukünftigen Champions-League-Begegnungen der Bayern Fernseher an, Ton aus, Radio aufdrehen, und es tritt auf Günther Koch, der legitime Nachfolger von Edi Finger, '78, Sie wissen schon, »I wer naarrisch!«

Der absolut selbstverständliche Dementsprecher
Co-Kommentator Karl-Heinz Rummenigge

Fritz Eckenga

Der Karl-Heinz Rummenigge, den in seiner aktiven Zeit als absolut torgefährlicher Spieler mit Drang zum Tor alle dementsprechend »Kalle« nannten, war in seiner aktiven Zeit ein absolut torgefährlicher Spieler, der selbstverständlich von seinem Drang zum Tor profitierte. Und zwar dementsprechend.

Dementsprechend hat der Kalle auch nach seiner aktiven Zeit als absolut torgefährlicher Spieler mit Drang zum Tor davon profitiert, daß er während seiner aktiven Zeit aufgrund seiner Torgefährlichkeit absolute Spitzenklasse repräsentierte, und zwar sowohl im Verein Bayern München als dementsprechend auch in der Nationalmannschaft, aus der er nicht wegzudenken war. Und zwar absolut nicht.

Absolut nachvollziehbar also war es, daß die dementsprechend folgerichtig entscheidenden ARD-Verantwortlichen sich dazu entschieden, nach Kalles aktiver Zeit sich seiner während der aktiven Zeit erworbenen fachlichen Kompetenz dementsprechend zu bedienen. Absolut folgerichtig.

Und so kamen alle, die dementsprechend vor den Geräten saßen, wenn absolut wichtige Spiele der Nationalmannschaft übertragen wurden, in den selbstverständlichen Genuß fachlich kompetenter Ko-Bestätigungen, zu denen Kalle immer dann aufgefordert wurde, wenn sich der Faßbenderrubenbauer die eigene Kompetenz dementsprechend bestätigen lassen wollte. Und zwar selbstverständlich in erster Linie absolut.

Wenn etwa der nach Ersteinschätzung Faßbenderrubenbauers »den Leistungen beider Mannschaften angemessene« Halbzeitstand eines Spieles 0:0 lautete und der Kalle »diese Einschätzung absolut« bestätigte, war dementsprechend glasklar, daß in einem Rutsch sowohl Reporters Ballhöhe kompetent be- und zweitens andersdenkende Fernseher dementsprechend doppelt widerlegt waren. Absolut doppelt.

Und wenn alsdann der Rubenbauerfaßbender »die spieltaktisch-strategisch erforderliche Umstellung für die zweite Halbzeit« abfragte, daß es »für unsere Mannschaft absolut schwer wird, das Spiel noch für sich zu entscheiden, wenn ihr kein Tor gelingt, oder Kalle?«, mußte im Anschluß an Kalles dementsprechende Einschätzung, es könne »selbstverständlich absolut schwer werden, wenn unsere Elf dementsprechend wenig Tore macht«, sich noch der kommentarresistenteste Fußballinteressierte vor der absoluten Wucht dieser selbstverständlichen Kompetenz ermattet übergeben. Und zwar absolut.

Dementsprechend muß man die vor geraumer Zeit aus welchen Gründen und von wem auch immer getroffene Entscheidung, auf die Co-Kommentare von Karl-Heinz Rummenigge, der in seiner aktiven Zeit als torgefährlicher Spieler mit Drang zum Tor seine eigentliche Lebensbestimmung sowieso schon übererfüllt hat, zu verzichten, selbstverständlich nicht bedauern. Absolut nicht.

Der Norbert Blüm des Sportjournalismus
Gerd Rubenbauer

Rayk Wieland

Gäbe es keinen Sport, gäbe es natürlich auch keine Sportreporter und -kommentatoren, und man fragt sich, welchen Beruf diese Spezies dann ergreifen würde oder könnte, wo sie doch schon den des gefälligen Nebenherredens so kenntnisfrei und verdienstlos ausübt, daß keine Branche denkbar ist, in der die bezahlten Selbstgesprächler und Brabbler unterkämen; womöglich nimmt sie die Polizei als Aushilfsstreife, vielleicht der Robinson-Club – eine Fischerei-Genossenschaft gewiß nicht. Und gäbe es keine Sportreporter, so wäre wohl auch jene unsportliche, alert-debile und parasitäre Burschenschaft, aus der sie alle kommen, kaum so horribel in Erscheinung getreten wie sie's ist, seitdem es Sport gibt und Leute, die, obwohl sie nicht dabei sind, dabei sein wollen und dazu eben jener bedürfen, die so tun, als wären sie dabei und mittendrin, in Wahrheit aber einfach nicht den Mund halten können. Daß sie höheres Ansehen genießen, besagt nicht mehr und nicht weniger als beispielsweise bei Politikern und ist lediglich ein weiteres Indiz für die aktuelle Umwertung aller Werte oder die wiederum ewige Idolatrie der Idioten.

In diesem Sinne nicht der abgefeimteste, wohl aber der humorigste und jovialste unter ihnen, der Norbert Blüm des Sportjournalismus, ist Gerd Rubenbauer vom Bayerischen Rundfunk. Wenn er auf Sendung ist, ist der Stammtisch auf Sendung, und der Lustigste in der Runde, die Pointenmaschine, ist Rubenbauer. Kein anderer hantiert so selbstgefällig und -gewiß mit volkstümlichen Sujets und Klischees, bei keinem anderen sind freiwilliger Nonsens und unfreiwilliger Unsinn so quasimethodisch ausgeprägt wie bei ihm. Er versteht sich als fabulierender Aufklärer des Offenkundigen, sein didaktisches Prinzip ist das der überrumpelnden Zote. Wenn die Sprache dabei im Weg ist, so ist sie ihm kein Hindernis – anläßlich einer Abseitsfalle freute er sich schon einmal, daß sie »glücklich mißlang«. Er beherrscht alle einschlägig bekannten Tropen des Kommentatorentums und noch ein paar regionale Kostbarkeiten mehr, die nicht zum geringen Teil seinen Unterhaltungswert, seine Beliebtheit ausmachen. »Guat drofn is a, der Bub!« sagt er, wenn es eine gelungene Aktion zu loben gilt, und nicht nur die, die in der ersten Reihe sitzen, kommen ins Schunkeln.

Geradezu orgiastisch entfalten konnten sich diese Talente in der wundersamen TV-Witzshow *Gaudi-Max*, in der ein paar Kandidaten zu vorgegebenen Themen fortlaufend einstudierte Witze zu deklamieren hatten, Rubenbauer einstudierte Überleitungen vortrug und der Lachpegel des Studiopublikums schließlich den Ausschlag für den Sieger gab. Abgedroschenere und ältere Witze, verbogenere Überleitungen und peinlichere Publikumsreaktionen hat es im auf diesem Gebiet wahrlich reich gesegneten deutschen Fernsehen nicht gegeben.

Während des Spiels Bremen gegen Eindhoven, das Rubenbauer am 8. Dezember 1995 mit seinem Kommentar versah, kam die Gesamtheit seiner Stilmittel schlechthin zum Einsatz. Der Libero der Bremer war »vorzüglich postiert« und dirigierte »seine Hintermannschaft im wahrsten Sinn des Wortes«, wiewohl hier Musik nur in Rubenbauers eigenen Ohren zu hören gewesen sein dürfte. Aber das Spiel ging weiter, und Rubenbauers Narreteien setzten sich fort. »Die Hintermannschaft des PSV ist mehr und mehr ein spekulatives Unternehmen in Sachen Abseitsfalle«, rief er, um sodann munter-aufgeräumt festzustellen: »Einen Brasilianer in die Hintermannschaft zu stellen, ist, wie einen Roulettspieler in einer Bank zu beschäftigen.« Wie das aber ist, weiß zwar niemand, doch läßt sich mit derlei spekulativem Humbug und biederer Witzelei die Zeit gut totschlagen. Und dies scheint der wahre Auftrag zu sein, dem Rubenbauer nur allzugern und bereitwillig nacheiern möchte.

Gemeinsam mit Waldemar »Woran hat's gelegen?« Hartmann, dem gefürchteten Innenraumschreck, hat er hierbei durchaus beängstigende Resultate erzielen können. Hartmanns berüchtigte Kurzinterviews mit vorübereilenden verschwitzten und ungehaltenen Akteuren und Trainern sind reines Reality-TV und haben oft nur ein Ergebnis, nämlich nichts. Wenn Rubenbauer Hartmann ruft – »Waldi, ich höre, Du hast einen!« – und dieser antwortet – »Ja, Rubi, neben mir müßte jetzt der Bundestrainer sitzen« –, kann man sicher sein, daß der sich nun entspinnende hanebüchene Dialog einen Ehrenplatz in der Ruhmeshalle des deutschen Sportjournalismus erhalten wird.

Rubenbauers karrieremäßige Sternstunde aber war ohne Zweifel die Kommentierung des WM-Finales 1990 zusammen mit Karl-Heinz Rummenigge als Co-Fachkommentator – eine Auszeichnung, die er sich bei den vorangegangenen Spielen redlich erschwatzt hatte. Die Mikrophonsymbiose der beiden weitete sich bisweilen regelrecht zur Balz aus: wie sie da einander nach dem Munde redeten, ergänzten und zu gefallen suchten, das ließ Gedanken an eine eheähnliche Gemeinschaft durchaus im Bereich des Möglichen erscheinen, wobei Rummenigge wohl der passivere Part zufiel. Im Spiel BRD – Kolumbien machte sich das Ru-Ru-Duo kaum noch die Mühe, den sexuellen Subtext seiner Kommentierungen zu kaschieren. Nach einem Foul des deutschen Abwehrspielers Guido Buchwald markierte Rubenbauer zunächst die Höhe des Gesprächsniveaus: »So einen harten Ellenbogen hat er in ganz Kolumbien noch nicht erlebt. Aber genaugenommen war es das Knie.« Für Higuita, den kolumbianischen Torwart, hatte er kurz darauf eine Liebeserklärung parat: »Bei dem schreibe ich Libero mit ›ie‹«, woraufhin Karl-Heinzen echote: »Ja, der Higuita kann sogar Fußball spielen.« Kaum zu glauben. Auch »der Schiedsrichter macht nur seltsame Entscheidungen«, entfuhr es dem fachkundigen Rummenigge, und hier war es Rubenbauer, der attestierte und die Empörung noch steigerte mit der Bemerkung, das geschehe »direkt vor den Augen des Kaisers, der zudem mit der Brille da ist« und womöglich auch das Verhältnis der beiden mißtrauisch beobachtete. Sicherheitshalber warnte Rubenbauer schon mal: »Wenn der Kaiser die Unterlippe vor die Oberlippe schiebt, dann ist Gefahr im Verzug.« Allerdings. »Der Franz ist zornig, das sieht man«, ergänzte darauf Rummenigge, »wir sehen gelegentlich Beckenbauers rechte Schläfe. Die Zornesader schwillt.« Aber schon bald vergaßen die beiden, daß Gefahr drohte, daß sie vor einem Fernsehpublikum miteinander schäkerten, daß sie Sportkommentatoren waren und daß da ein Fußballspiel lief, und gaben sich wieder dem Physiologischen, Phänomenologischen, vor allem aber dem Unlogischen hin. »Häßler hat ein Riesenlaufpensum«, konstatierte Rummenigge. »Ja, links wie rechts«, schob Rubenbauer nach.

Was aus dieser Liaison noch hätte werden können, wer weiß es. Vorerst jedenfalls ist sie von offizieller Seite beendet worden – man kann sich denken, warum. Anders als das eher platonische Verhältnis zwischen »Rubi« und »Waldi« übrigens, das offenbar nicht so ernst genommen wird. Doch auch Rubenbauers Schicksal als leutseliger Alleinunterhalter ist ungewiß. In der Winterpause – sie sei gepriesen – kam er seltener zum Zuge, kommentierte lediglich im Vormittagsprogramm der ARD ein paar Skirennen. Die privaten Fernsehanstalten halten sich bislang zurück: Seine vertreterhafte, ins Extreme überschießende Jovialität wird leicht lästig, zumal er nichts anderes zu verkaufen hat als Nonstop-Nonsens. Bevor er ganz von der Bildfläche verschwindet und womöglich unter seiner Höhensonne verkohlt, wäre es vielleicht das beste, ihn künftig bei ARTE unter Mundartenschutz stellen zu lassen. Schweigend.

Wie ich einmal beim Fernsehen anrief...
Der entscheidende Tip

Fritz Tietz

Fußball-Weltmeisterschaft 1994, im wohnzimmereigenen Fernseh-Studio: Irland führt gegen Italien 1:0 und – Schlußpfiff! – gewinnt. Wunderbar! Hoch springen wir vom Sofa, die Arme voll mitfühlender Freude gereckt, harren dann erwartungsvoll der bunten Bilder vom Trikottausch, vom irischen Jubel, Trubel und Triumph sowie von weiteren atmosphärischen Eindrücken aus dem Stadion, die nun mal dazugehören wie Salzgebäck und gut gekühltes Bier.

Doch wir warten vergebens. Statt siegestrunkener Iren auf dem Rasen oder den Rängen zeigt das Fernsehen bloß den fahlen, kopfhörergestützten deutschen Reporter Marcel Reif vor mausgrauem Beton, und der labert, labert, labert. Wir jedoch liegen längst im Bett.

Anderntags das gleiche Bild. Norwegen gegen Mexiko. Nur noch wenige Minuten bis zum Anpfiff. Doch nicht die einlaufenden Spieler und die entfesselte mexikanische Fanbegeisterung sieht man, sondern zunächst bloß *vor* dem Stadion Heribert Faßbender im unglaublich karierten Hemd, dann, *im* Stadion, nicht etwa den grünen Rasen oder die bunt bevölkerten Ränge, dafür aber die Pressetribüne. Und erneut ist nichts im Bild als ein paar großformatige Kopfhörer mit den darunter sehr scheußlich sich gerierenden Experten Rubenbauer und Rummenigge, die wiederum labern, labern, labern, ich weiß nicht was...

... und kann es auch gar nicht wissen, hänge nämlich

plötzlich am Telephon, um, ich schwöre, zum ersten Mal im Leben beim Fernsehen anzurufen. 0221-2575716 lautet die Nummer der »WM-Hotline«, unter der ich nun meine höfliche, als »entscheidenden Tip« getarnte Beschwerde vortrage und dringend darum bitte, endlich Bilder von den eigentlichen Akteuren zu zeigen und nicht immerfort nur diese beiden dumpfen Figuren.

Kaum habe ich aufgelegt, schweigen plötzlich beide Herren im Fernseher still. Angestrengt sieht man sie statt dessen in die Kopfhörer lauschen. Endlich quält sich ein Lächeln auf Rubenbauers Gesicht, und ölig ergreift er wieder das Wort, um sichtlich irritiert und, wie es scheint, auch durchaus kleinlauter als zuvor seine bildschirmfüllende Präsenz damit zu entschuldigen, daß ja die »Weltregie« kein anderes Bildmaterial anbiete und wir daheim uns deshalb mit dem Blick auf die Pressetribüne begnügen müßten. Jetzt aber, verkündet er dann erleichtert, sei ein Bild aus dem Innenraum da, und man wolle sogleich »rüberschalten«, was auch geschieht. Wir daheim aber sind ziemlich platt.

Da sage noch einer, es nütze nichts, sich beim Fernsehen zu beschweren.

Die Verheißung mit Rentenanspruch
Eine Kindheit mit Ernst Huberty

Michael Streck

Das war ein trüber Morgen damals, irgendwann Anfang der Achtziger. Ein entsetzlicher Morgen, um präzise zu sein. Die Lokalzeitung meldete es auf Seite 1: Huberty suspendiert.

Zwei Worte, die ein kleines, junges Weltbild durcheinanderschüttelten. Dieses Weltbild kreiste um Menschen wie Beckenbauer, Netzer, Overath und Weisweiler. Huberty suspendiert. Hieß das weg vom Fenster? Weg von der Mattscheibe? Weg von uns? Er habe sich, so lasen wir weiter im Sportteil, eines Spesenvergehens schuldig gemacht. So so, dachten wir, Spesenvergehen. Nicht richtig abgerechnet irgendwas. Und wir dachten weiter, daß das einem wie Ernst Huberty schlicht passieren kann, weil der doch mit den Großen unserer damaligen Welt so gut bei Fuß war. Eben mit Beckenbauer und Netzer und Overath und Weisweiler und – ja, sogar mit Berti Vogts. Die hat er doch ganz bestimmt ganz oft zum Essen ausgeführt und dann auch garantiert eingeladen. Weil einer wie Ernst Huberty immer so aussah, als würde er immer alle anderen einladen. So liebenswürdig. So adrett. Die mußten spinnen, die vom Westdeutschen Rundfunk. Dachten wir. Glaubten wir. Wußten wir.

Huberty war eine Verheißung für uns, eine Verheißung mit Rentenanspruch, aber eine Verheißung.

Denn so war das damals in den siebziger Jahren. Du kamst samstags mittags aus der Schule. Es gab Erbsen-

suppe oder Linsensuppe oder Linsensuppe oder Erbsensuppe. 15 Uhr Radio, batteriebetrieben, mit einem stets
knirschenden Knopf zum Sendereinstellen und Wahn-
sinnigwerden. Die rituelle Suche im Ultrakurzwellen-
band nach *Sport und Musik* im Westdeutschen Rundfunk mit Kurt Brumme am Mikrophon und – so lang
ist's her – Heribert Faßbender als Feldreporter in Schalke oder Düsseldorf oder Köln oder Mönchengladbach.
Eine Kultsendung. Auch Brumme war eine Verheißung.

Danach, unvergessen die kröselige Anfangszeit: 17.48
Uhr, die *SPORTSCHAU*. Und sein Erscheinen: Exakt
gescheiteltes, silbergraues Haar. Ein Lächeln, das Tore
versprach. »Guten Abend, meine Damen und Herren.«
Meistens hielt sein Lächeln das Versprechen: Tore, Tore,
Tore.

Ernst Huberty war eine Verheißung.

Er war über Jahre hinweg das Rückgrat des Samstags. Ein Pfeiler des Wochenendes. Unbestechlich. Verläßlicher als der beste Freund, allemal verläßlicher als
die erste Freundin. Nur manchmal Ärger, wenn er seine
ostentative Liebe zum 1. FC Köln nicht zügeln konnte.
Aber selbst die Parteilichkeit verpackte er mit solchem
Charme, daß wir alles schon wieder vergessen hatten,
bis Ilja Richter mit der *Disco* kam. 19.30 Uhr, ZDF.
Dazwischen Badewanne, nervende Schwestern (keine
Ahnung) und ein mißgelaunter Vater, weil Borussia
Dortmund verloren hatte. Dortmund verlor ziemlich oft
damals.

Ein Samstag ohne Huberty war also kein Samstag.
Kein richtiger jedenfalls. Der silbergraue Opa war unsere Jugend: Fachsimpeleien unter noch hochstimmigen,
vorpubertären Jungs in Doppelripp-Unterhosen in der
Umkleidekabine vorm Sportunterricht. Über Beckenbauer, Netzer, Overath, Weisweiler. Und Huberty. Er
begleitete uns durch Sexta, Quinta, Quarta. Und plötzlich, eines Morgens wie gesagt, war er weg. Sie verbann-
ten ihn vom Bildschirm, nahmen ihm die *Sportschau*
und nahmen damit auch uns die *Sportschau*.

Wir schauten irritiert des Samstags auf den Schirm

und trafen dort solche Figuren wie Dieter Adler, Klaus Schwarze, Max Schautzer und irgendwann Heribert Faßbender.

Aus lauter Verzweiflung wurden wir erwachsen.

Gelegentlich fragten wir uns zwar, was aus Ernst Huberty wohl geworden ist? Ob er in irgendeiner Asservatenkammer des WDR schuften mußte? Aktenberge schleppen und stapeln? Oder für Adler/Schwarze/Schautzer/Faßbender Kaffee kochen? Bis er irgendwann wieder auftauchte. Erst als Gerücht in der Oberstufe – »Haste gehört, Huberty ist wieder da.« Dann leibhaftig im dritten Programm des WDR-Fernsehens. Stand da wie immer. Exakt gescheiteltes, silbergraues Haar, dieses Lächeln. Aber sonst? Er durfte Prominente, Semiprominente und Idioten nach ihren Bundesligatips befragen, die er mit Kreide auf eine Tafel kritzelte. Schrecklich.

Wir empfanden das damals als weit unter seiner und unserer Würde. Auch wenn wir dunkel ahnten (man las inzwischen nach dem Sportteil auch die politischen Seiten der Lokalzeitung und gelegentlich die *Frankfurter Rundschau* vom Soziologiepauker), daß sich hinter dem Wörtchen Spesenverfehlung größere Mißlichkeiten verbargen. Vor allem bei anderen. Bei Lambsdorff und Flick und später Möllemann. Ernst Huberty sahen wir das nach.

Womöglich mochten und mögen wir ihn deshalb, weil er den Fußball mit einer Liebe rüberbrachte, die niemand erlernen kann. Niemand. Kein Wontorra, kein Beckmann, kein Poschmann, kein Hartmann, kein Delling. Und Töpperwien sowieso nicht. Die wirken gegen ihn, diese graue Eminenz, matt und fad. Und je öfter die auftauchen, desto größer die Sehnsucht nach den Jugendtagen mit Huberty. Könnte der das *ran*-Soccer-Spiel verhökern? Würde er, wie die neuzeitliche Ikone Werner Hansch, »geile Tore« besingen. Oder am Spielfeldrand schweißstammelnde Interviews der Diktion »War ein prima Spiel, aber haben Sie nicht auch das Gefühl, daß...« führen?

Eben nicht.

Der paßte ins Wohnzimmer zur Oma mit dem Hand-
kantenknick im Kissen und den gehäkelten Deckchen
auf dem Schwarzweiß-Fernseher, weil die in ihm den nie
erlebten Schwiegersohn erkannte. Er paßte ebenso zum
Hochschulprofessor, weil dem die verbindliche Art impo-
nierte. Er paßte zum Malocher, weil er keine großen
Worte suchte und die Taten anderer für sich sprechen
ließ. Und er paßte zu uns, weil wir irgendwie alle Huberty anhimmelten. Die meisten jedenfalls. Die Weicheier
schworen auf Kürten.

Wir wissen inzwischen, daß Ernst Huberty so großartig auch wieder nicht war. Und daß er gegen Bares
allen möglichen Unternehmen seine Leihstimme gab.
Wir wissen auch, daß er unsere Lieblinge von einst bestimmt nicht zum Essen eingeladen hat. Falls doch,
dann gegen Quittung wie Herr Wickert.

Aber verdammt noch mal: War das schön, als er wieder auferstand als Moderator bei Premiere. Sieht immer
noch aus wie einst im Mai. Als hätten sie ihn beim WDR
doch nicht in der Asservatenkammer schuften lassen,
sondern schockgefroren. Lächelt silbergrau. Plaudert
mit den Größen von heute. Nur auf einem anderen Kanal.

Die Zeiten ändern sich und wir uns mit ihnen. Wir
tragen keine Doppelripp-Unterhosen mehr. Ilja Richter
von der *Disco* ist inzwischen so grau wie Beckenbauer.
Samstags gibt es keine Erbsensuppe oder Linsensuppe
mehr. Das alte Radio mit dem Knirschknopf ist Schrott,
Kurt Brumme in Pension. Und Dortmund gewinnt wieder. Die Zeiten ändern sich. Nur Huberty ändert sich
nicht.

Vielleicht ist das sein wahres Geheimnis.

Groß, breit und freundlich
Der nette Onkel Wim Thoelke

Johannes Taubert

Lange bevor der Bär Balu aus dem Dschungelbuch bei Walt Disney als Zeichentrick bekannt wurde, arbeitete er unter dem bürgerlichen Namen Georg Heinrich Wilhelm (Wim) Thoelke beim ZDF. Und das ziemlich gut. Vor allem am Anfang, 1963. Da hatten nämlich Harry (der Ski) Valérien, Rainer Günzler (wer ihn jemals mit weißem Fellmantel bei minus 15 Grad unerschrocken in DIE Garage hat gehen sehen, weiß, daß nach ihm nur noch Pflaumen Automobile getestet haben) und unser Wim die rühmliche Idee für das *aktuelle Sportstudio*.

Von nun an stand uns Balu ins Haus, groß und breit, freundlich und vertrauenserweckend. Er war fast immer fröhlich und glaubte stets an das Gute im Menschen, vor allem im Sportler. Anders als die naßforschen und naseweisen Jungs von heute war er der große Bruder oder der nette Onkel, der einen am späten Samstagabend an die Hand nahm und zum Sportplatz brachte. Und ebenso wie Ernst Huberty von der Konkurrenz ein paar Stunden zuvor wußte Wim auch immer genau, weshalb die Dortmunder gerade wieder Manschetten hatten und die Frankfurter sowieso nicht gewinnen konnten: »Ob es auch diesmal wieder so war, sagt Ihnen mein Kollege...«

Die drei vom *Sportstudio* waren überhaupt so etwas wie kleine Revolutionäre. Denn wenn unser Wim mit seinen breiten Pranken wieder in den Studiohimmel ragte und in die Regie fragte: »Kinder, was machen wir als nächstes?«, durften wir alle zu Hause merken, da wird Fernsehen noch mit der Hand und mit Herz gemacht, getreu dem Thoelkeschen Motto: »Eine interessante Panne ist den Leuten lieber als eine langweilige Sendung.« Überall sah man die Kabelträger und Kameraleute bei der Arbeit, alles, was sonst hinter den Kulissen blieb, war Kulisse, und so etwas gab es bis dahin im deutschen Fernsehen nicht. »Wir waren ein schöpferischer Haufen von Himmelsstürmern. Bekanntlich kommt man dabei nicht ans Ziel, aber wir sind ziemlich weit gekommen«, heißt es fast poetisch in den Quasi-Memoiren von Georg Heinrich Wilhelm, die den vielsagenden Titel tragen: »Stars, Kollegen und Ganoven«.

Der einzige Gast nun in den sieben Jahren, in denen uns Balu insgesamt 115 mal beglückte, der als Ganove hat durchgehen können, war der Prinz von Homburg. Der Boxer mit dem eher profanen Namen Norbert Grupe wurde von Rainer Günzler interviewt. Was in dem Fall lediglich bedeutete, daß er sich die Fragen angehört hat, aber nicht mal das ist verbürgt. Jedenfalls hat er überhaupt nichts gesagt, und der Vorgang ist in die Sportfernsehgeschichte eingegangen. Was der Zuschauer jedoch lange Zeit nicht wußte, war, daß die Kollegen Harry Valérien und Wim Thoelke bei diesem Phantomgespräch direkt nebendran im Dunkeln standen, weil sie fürchteten, der Faustkämpfer wolle jeden Moment auch mal den Günzler hauen. Das hätten wir dann doch gern gesehen, wie Wim mit 'ner massigen Rechten für Ordnung sorgt.

Wim hatte die Ehre, den ersten Fernsehauftritt eines gewissen Hans Hubert Vogts fragend zu begleiten, auch ein wegweisendes TV-Dokument. Wim fragte Berti, warum Mönchengladbach denn immer so fabelhaft stürmen würde, aber doch immer nur Beinahe-Meister werde. Und Berti antwortete, wie stets der Wahrheitsfindung verpflichtet: »Weil die Abwehr so schlecht ist.« Auf den Hinweis, er selber sei doch auch Mitglied dieser Abwehr und was denn die Kollegen wohl dazu sagen würden, berief er sich auf seinen Trainer Hennes Weisweiler, der ihm aufgetragen hatte, wenn er denn schon im Fernsehen sei, denen auch zu erzählen, »was ihr für Flaschen seid«. Das hat Berti prompt gemacht.

Wir wissen, daß Wim Thoelke nach seiner Zeit im *Sportstudio* noch etwas größer geworden ist, gleichwohl in Sendungen, die dem aufgeklärten Sportsfreund eher abwegig erschienen. Doch bleibt uns der Trost, daß er selbst über die sieben Jahre sagte, es seien die schönsten seiner beruflichen Karriere gewesen – wohl auch deshalb, weil es in den Redaktionsfluren noch heiter und ungezwungen zuging. Und selbst kleinere bürokratische Hürden wurden eher spielerisch genommen. Originalton Thoelke: »Bei einer Montagskonferenz in Anwesenheit von Gründungs-Intendant Professor Holzamer wurde ich massiv zur Ordnung gerufen. Man hatte gesehen, daß ich am Samstag im *Sportstudio* einen Blumenstrauß überreicht hatte. Ein Verwaltungsmensch hat daraufhin sofort nachgeschaut, ob für diesen Blumenstrauß die erforderliche Genehmigung durch den Intendanten vorlag. ›Was haben Sie dazu zu sagen, Kollege Thoelke?‹ wurde ich gefragt. Ich wandte mich direkt an Professor Holzamer. ›Herr Intendant, so wie Sie mich jetzt hier sitzen sehen, habe ich heute vormittag schon über 80.000 Mark ZDF-Gelder selbständig entschieden. Ich habe Leitungen und Satellitenzeiten gebucht. Es kann doch etwas nicht stimmen, wenn ich für 80.000 selbst unterschreiben kann und für 6.50 Mark ihren persönlichen Segen benötige.‹ ›Stimmt das?‹ fragte Holzamer seinen Verwalter. ›Intendanten-Anordnung vom 25. April‹, wurde ihm entgegnet. ›Ja, wenn das so ist, dann betrachte ich diese Intendanten-Anordnung als Schwachsinn‹, antwortete Holzamer. ›Vielleicht‹, fuhr er fort, ›gibt es noch mehr von diesen unsinnigen Anordnungen. Womöglich schließen sich einige sogar gegenseitig aus.‹«

Tja, das waren noch Zeiten. Holzamer ist längst tot, Wim Thoelke ist 1995 im Alter von 68 Jahren gestorben, und das *aktuelle Sportstudio* ist im Dschungel der Quoten vom Aussterben bedroht. Einstweilen wünscht man uns dort nun gute Unterhaltung mit Beck's oder Obi.

Ein starker »Ja«-Sager
Heribert Faßbender

Eckhard Henscheid

Ist Ihnen, liebwerter Fernsehseher, eigentlich schon aufgefallen, daß die allgemeine und umgreifende Verdüsterung im Fernsehen einen starken Schritt nach vorne getan hat dergestalt, daß nahezu jeder Moderator-Satz, vor allem aber jede Überleitung mit dem Wörtchen »ja« anhebt? »Ja, das war knapp für den Kandidaten« – »Ja, da hat Kasparow Glück gehabt«. Ja, das Ganze gilt für den Schach-Plauderer Helmut Pfleger, einen der Schwersterträglichen, ebenso wie für Fritz von Thurn und Taxis, ja, auch er einer der Intolerabelsten, – speziell aber tritt diese Infantilität und Besinnungslosigkeit aus einem der unverbrüchlich kindischsten TV-Schrumpfredner heraus: Manfred Vorderwühlbecke, der nach meinen Beobachtungen während zwei Jahren keine Überleitung ohne dieses frischfrohe »Ja« geschafft hat und auch genau so dreinlinst: »Ja, Dieter Adler hat recht, der Club ist in einer Krise« – »Ja, Trainer Weise wird da umbauen müssen« – ja, es ist wirklich schon der reine Wahn.

Ein starker »Ja«-Sager der sportlich-affirmativsten Gesinnung ist Heribert Faßbender, Vonderwühlbecke auch sonst wesenhaft sehr verwandt. Nämlich wie dieser ein eminent edeleinfältiges Gemüt, hinter dessen schnauz- und kinnbartumrundeter, stets eilfertig korrekter Lächelfassade man gleichfalls immer die Angst zu lungern wähnt: Ein anderer, möglicherweise noch Ungeeigneterer könnte den Job, wenn schon nicht gescheiter, so doch wenigstens noch blöder ausfüllen. Nicht unerregend ja immer die Vorstellung, welche Machtkämpfe, wie man hin und wieder liest, hinter den Kulissen zwischen diesen Schranzen und Schlichtgemütern stattfinden.

Als Nachfolger des unvergessenen Bonitätsdarstellers und Spesenritters Ernst Huberty personifiziert Faßbender – deutlicher noch als die allesamt ähnlich gearteten Zunftkollegen und etwa gleichauf mit dem ewig 18jährigen Vorderwühlbecke – den allseitigen wie den spezifisch televisionären Verlust jeglicher Originalität, ja Individualität; nein, der Begriff der Charaktermaske reicht längst nicht mehr hin, diesen para-orwellschen Typus dingfest zu machen, wie er ausgerechnet in unseren Sportsmenschen zur Perfektion gereift ist. Das humoranzeigende Runzeln der Augenbraue, das wie wägende Wippen der Schultern, das priesterartige, aber reduzierte scherenartige Ausschwenken der Arme: Fast zäher noch als bei E. Gunsch und XY-Zimmermann mahnt jedwede Gesichtsregung, jede Geste wie eine Bankrotterklärung von Leben, ganz wie der Meister Adorno es kommen sah; ohne daß solche Marionettenhaftigkeit doch je die Grazie der von Kleist beschriebenen utopischen wenigstens ahnungsweise aufschimmern ließe.

Nicht mal besonders geistverlassene Sprüche, wie sie von W. Esser wie von E. Figgemeier massenhaft tradiert sind, kennt man von Faßbender; nur Phrasen; die er allerdings nie ausläßt: »Friede, Freude, Eierkuchen beim 1. FC Köln?« Noch zu den üblichen sprachlichen Holzhackereien ist der Mann zu unoriginell. Nur solche Pein gewinnt Laut: »Es müßte heute ein Sieg her, sollte Trainer Kessler nicht noch mehr Schwierigkeiten« – was? »erleben«? »erdulden«? – na? – na? – »vor Augen haben«. Ooooch.

Weit vor Vorderwühlbecke dürfte Faßbender der strahlendste Freude-Grimasseur der Bundesliga und einer der, neben Helmut Schmidt, sieghaftesten, ja gleißendsten Zähneblecker der Republik sein. Abermals argwöhnt der Betrachter neben der reinen Freude am Schwachsinn namens Sport die quälende Angst; z.B. davor, einen Scherz zu riskieren, den die Blödköpfe draußen im Land nicht allesamt kapieren. Als Schumacher vor dem Spiel ahnungslos über einen »Tag der offenen Tür bei Köln« redet und dann drei Dinger in den Kasten kriegt, wagt der Moderator sich erschreckend weit nach vorn: »Ja, nach dem Spiel wird das oft anders verstanden.« Grins-Automat an, na hoffentlich hat's jeder gerafft, solcher Humor kann in dieser Branche den Kopf kosten.

Dochdoch, Kafka hatte recht, das Schlechte ist dazu da, immer noch schlechter zu werden, und im Fernsehen zumal, es ist zum Flennen... Ach was, Kafka, ach was, Kleist und orwellsche Regression und systemlogischer Niveauverlust: Wer gibt uns die realen fußballerischen Passionen eines Oskar Klose, die wenigstens zur Hälfte ungeschminkte Quirligkeit eines Sammy Drechsel, wer gar den kühl intransigenten Pokercharme, die (man ahnt es klammen Herzens) nahezu goethische Humanität eines längst seliggesprochenen, ja unsterblichen Rainer Günzler wieder!

Postscript: Der Text erschien erstmals 1986, er hat m.W. nichts von seiner Richtigkeit und Hellsicht eingebüßt.

E.H.

92

Wembley 1966
Eine Reportage von Rudi Michel

Aufgeschrieben und kommentiert von
Dietrich zur Nedden

Guten Tag, meine Damen und Herren in Deutschland, in Ost und West, in Süd und Nord. Nein, halt, stop. Nimm das Band raus. Noch sind wir nicht beim WM-Endspiel 1966. Darf man so unvermittelt eine Hommage an den Journalisten Rudi Michel beginnen? Rudi Michel, der bis heute wahrscheinlich einzige Reporter der Welt, der fünf Fußballweltmeisterschaftsendspiele, darunter drei mit bundesdeutscher Beteiligung, kommentierte.

Michel war dabei, als in den frühen fünfziger Jahren der Südwestfunk erstmals Fußballspiele filmte wie jenes zwischen dem 1. FC Kaiserslautern und TuS Neuendorf. »Zwei Kameraleute postierten sich auf der Nordtribüne, zwei bauten sich auf der anderen Seite des Platzes auf.« Daß es bei der zweidimensionalen Aufzeichnung von Ereignissen, die in der Dreidimensionalität geschehen, eine Fehlleistung namens Achssprung gibt, wußte keiner der Beteiligten, und so benötigte man nicht nur deswegen drei Tage, um einen zehn Minuten langen Beitrag zu schneiden. »Für uns alle waren Film und Fernsehen Niemandsland.« Spätere »Trockenkurse«, wie Michel weiter schreibt (*Die Welt*, 27. August 1985), absolvierten er und Kollege Gerd Mehl im Stadion Riederwald unter der Leitung des SWF-Redakteurs Eduard Roderich Dietze, der »die englische Fernseh-Fibel aus dem Effeff« kannte und folgende Anweisungen den

»Youngstern« mit zum Spiel gab: »Nicht sagen, was der Zuschauer selbst im Bild sieht und erkennt, bitte nur ergänzen, was er nicht erkennen kann, Spielzüge nicht beschreiben, sondern werten, Schiedsrichter-Entscheidungen deuten, kommentieren und oft schweigen.« Nach über vierzig Jahren sind diese Regeln immer noch brauchbar, wertvoll sogar, will es doch scheinen, als ob sich – anders als Rudi Michel – aus der jüngeren Generation niemand mehr dran hält. Sie schwatzen, plaudern, witzeln wie nichts Gutes. Und Dietze stellte noch eine goldene Regel auf: »Können Sie schweigen, dann werden Sie ein guter Kommentator – vorausgesetzt, Sie verstehen etwas von der Sportart.«

Michel hat die Endspiele von '58, '62, '66, '74 und '82 kommentiert. Ich habe das von 1966 ausgewählt, weil a) die Mannschaft der Bundesrepublik dabei war, sie b) verloren hat und c) man sich das von '82 tunlichst erspart, selbst wenn man kein Anhänger des Bundesdeutsch-Nationalen, also auch der dazugehörigen Fußballauswahl ist und aus Schadenfreude das Gewürge resp. Gegurke nicht ungern noch mal genösse. Jenes Endspiel habe, so Michel auf meine Frage, keine »Erinnerungen tiefgreifender Art« hinterlassen. Es sei ja schon »'ne Sensation« gewesen, daß die Deutschen überhaupt im Finale gestanden hätten. Und da war ja noch das 1:0 von Gijon gegen Österreich. Danach habe er einen Kommentar gesprochen, der beim DFB »nicht auf Wohlwollen« gestoßen sei. Andererseits: »Verstehen Sie mich nicht falsch, aber ich bin über siebzig, und es ist mir ziemlich egal, was Sie über mich schreiben.«

Den Endspielkommentar habe ich genauestens und lückenlos protokolliert und ihn schätzen gelernt, lehne jedoch aus Gründen, die hier nicht zu erörtern sind, eine naturalistische Wiedergabe ab. Taugt nichts. Wie es Herausgeber anderer historischer Texte auszudrücken pflegen, habe ich die Monologe behutsam dem heute herrschenden Rezeptionsverhalten angepaßt, habe sie gelegentlich ergänzt und nur sporadisch bearbeitet. Der besseren Lesbarkeit wegen habe ich keine typographische Differenzierung zwischen dem Originalton und meinen Abweichungen vorgenommen.

Willkommen in Wembley beim Finale der achten Fußballweltmeisterschaft zwischen England und Deutschland. Die Atmosphäre in diesem Stadion brauche ich Ihnen nicht zu beschreiben. Die sehen Sie und hören Sie in den nächsten Minuten. Was nicht ganz stimmt. Zu sehen ist die Atmosphäre eher selten bis nie. Die Bildregie geizt mit dem Umschnitt auf die Zuschauermassen, Schwenks über die Fankurven gibt es kaum, das Wort Fan erst recht nicht, auch nicht den dummen Ausdruck »sogenannter Fan«, keine Bilder von den Trainern. Gerne aber wird ab und zu die Loge der Queen gezeigt.

England, das noch nie über das Viertelfinale in einer Fußballweltmeisterschaft hinauskam, ist sicher Favorit. Aber uns erfüllt es mit Genugtuung, daß eine deutsche Elf zum zweiten Mal zu einem WM-Finale einlaufen wird. Sie ist Außenseiter. So wie vor zwölf Jahren gegen Ungarn. Welche Hoffnungen und Kombinationen sich daraus ergeben, überlasse ich Ihnen. Während man ahnt, wie die Zuschauer hoffen und kombinieren, werden die Mannschaftsaufstellungen eingeblendet. England ohne Jimmy Greeves, der in 56 Länderspielen mehr als 40 Tore geschossen hatte. Alles ist fertig. Das große Spiel kann beginnen. Und es beginnt, jawohl. Ball- und Anspielstationen: Beckenbauer, Overath, Cohen, Moore. Peters gegen Seeler, Willi Schulz. Nicht langweilig, aber monoton. Assoziationen, Kombinationen: Das ist die große Frage in diesem Spiel: Wer deckt wen? Wer nimmt sich vor allen Dingen um Charlton an. Bis jetzt sieht es so aus, als müßte Beckenbauer das tun. Die beiden großen Spielerpersönlichkeiten dieses Turniers, wenn man diese beiden Mannschaften berücksichtigt. Und Höttges bleibt wahrscheinlich konsequent bei Hurst. Doch da: Emmerich. Und Held! – Moore, Weber, Held, Schnellinger, Held, Emmerich, Ball, Beckenbauer sofort bei Charlton – Schulz, freier Mann in der deutschen Abwehr – Haller, Emmerich. So ist es gut. Ist es gut so? Es sieht gut aus. Doch der Boden ist etwas glatt, es hat bis kurz vor Spielbeginn sehr heftig geregnet. Aber daran liegt es nicht, als Emmerich einen Angriff über Beckenbauer, Overath, Haller, Seeler, ausgezeichnet, Held mit einem Torschuß abschließt, der ins Seitenaus abdreht. Der linke Fuß hätte es sein müssen.

Wenige Minuten später kommen die Engländer über links, eine hohe Flanke, Tilkowski wehrt in der Luft ab, bedrängt von Hurst. Aber Tilkowski liegt am Boden. Ist seine alte Schulterverletzung wieder aufgebrochen? Dettmar Cramer und Erich Deuser sind bei ihm. Gut, daß Schiedsrichter Dienst natürlich Deutsch spricht, seine Muttersprache, und auch Englisch ausgezeichnet, so daß er in dieser Beziehung mit beiden Mannschaften keine Schwierigkeiten haben wird. Das Spiel läuft weiter, läuft wieder. Und ich glaube, wenn Hans Tilkowski nicht wirklich verletzt wäre, hätte Dienst die Unterbrechung auf so lange Zeit nicht gestattet. Hoffentlich ist Tilkowski wieder da, wie man in der Fachsprache sagt, und ist nicht benommen. Denn er ist nicht auf die Schulter gefallen, sondern hat am Kopf etwas abbekommen. Halb so schlimm. Tilkowski ist wieder da, auf dem Posten, wie man in der Fachsprache sagt. Jackie Charlton, Peters. Peters schießt: Gut gemacht, Tilkowski!

Weber wird ermahnt. Das können Sie nicht sehen. Ja, doch, jetzt. Sprechen wir jetzt nicht mehr darüber. Vom eins zu null der Deutschen ist noch nichts zu ahnen. Im Gegenteil: Das ist natürlich für Sie, meine Damen und Herren, nichts Neues, wenn Sie sehen, wie die Engländer plötzlich mit acht Mann verteidigen und im nächsten Moment schon wieder mit sieben Angreifern vor unserem Tor sind. Haller, Seeler, Schnellinger, Held, sehr schön, Haller – Goal. Herrschaften noch mal, zwölfte Minute. Sekundenlanges Schweigen. Luftholen. Die Überraschung ist gelungen. Nahaufnahme des Torschützen: Haller. Mehr brauch' ich ja nicht zu sagen. England liegt in diesem Turnier zum erstenmal im Rückstand. Aber halt, die deutsche Mannschaft ist schon wieder am Ball. Jetzt die Gelegenheit ausnutzen. Die Engländer sind verwirrt. Sie sind nicht die einzigen. Einen Moment noch. Hallers sechstes Tor für Deutschland in diesem WM-Turnier. Das hätte er nicht sagen sollen. Eben werde ich belehrt, es sei das fünfte, aber ich glaube an das sechste. Denn den einen Abpraller von Held muß man ihm auch zugute halten. Schweigen. Also fünf oder sechs, ich habe mich noch einmal mit meinen Kollegen unterhalten, gehen wir zurück auf fünf. Das spielt in diesem Augenblick kein Rolle. Sie verzeihen mir sicher den kleinen Fehler. Durch sein Tor führt Deutschland nach zwölf Minuten mit 1:0. Michel hätte unbesorgt hartnäckig bei sechs Toren für Haller bleiben können. Denn er hatte recht. Haller hat nach der offiziellen Statistik bei der WM '66 tatsächlich sechs geschossen. Zwei beim 5:0 gegen die Schweiz, zwei beim 4:0 gegen Uruguay, eins im Halbfinale gegen die Sowjetunion und eben das 1:0 im Endspiel.

Aber da hat Stiles schon wieder einen deutschen Spieler umgehauen. Stiles, der ein großartiger Spieler ist, aber mit dem die Engländer große Sorgen haben. Eines gefällt mir nicht. Das sind die Rufe unserer Schlachtenbummler. Hi, ha, ho, England ist k.o. Noch 75 Minuten sind zu spielen. Und was kann noch alles passieren. Sie sollten sich etwas Besseres einfallen lassen. Aber überraschend schnell hat die deutsche Mannschaft die Nervenbelastung abgeschüttelt.

Ball, der rothaarige Mann von Blackpool. Jetzt muß England stürmen. (Der Name Ball ist das beste Beispiel für die Unzulänglichkeit der schriftlichen Fassung.) Und das wäre die Gelegenheit für die deutsche Elf, mit ganz langen und weiten Bällen zu arbeiten. Das ist gar nicht so schlecht. Jawoll. Lange Bälle, kurze Bälle, weite Bälle, enge Bälle. Hohe Bälle? Moore wird von Overath gefoult. Eine Regelwidrigkeit, aber kein großes Vergehen. Die Entscheidung ist aber richtig. Richtig, jawohl, aber sie hat Folgen. Moore flankt den Freistoß auf den freistehenden Hurst. Achtung! Hei! – Hunt hat den oder Hurst hat den Ausgleich erzielt. Die Nummer Zehn. Jener Hurst, der England ebenfalls mit einem Kopfballtreffer gegen Argentinien in die Vorschlußrunde gebracht hat. Da war die gesamte deutsche Abwehr auch nur eine Zehntelsekunde zu unaufmerksam. Es war die achtzehnte Minute.

Jetzt muß erst Ruhe ins deutsche Spiel kommen, dann kommt auch wieder die Linie. Das wird jetzt deutlich. Parabelhaft beinahe kommen auch hohe Bälle. Ich weiß nicht, ob Hochspielen das richtige Rezept ist. Denn in den Kopfbällen waren uns die Engländer immer überlegen. Insbesondere, schon aufgrund seiner Länge, Jakkie Charlton. In punkto Härte aber nehmen sich beide Mannschaften nichts. Verwarnung für Peters. Ja. Er schreibt ihn auf. Kein Grund zu frohlocken. Aber so sorgt Dienst von vornherein dafür, daß er das Spiel in der Hand behält. Flanke von links vors englische Tor, Seeler springt hoch zum Kopfball, der neben das Tor geht. Uwe-Uwe-Rufe. Aber er ist dran, der Hamburger, er ist immer dran. Trotz seiner schweren Verletzung hat er seine Sprungkraft nicht verloren. Und er ist ein wirklicher Kapitän. Ein Mann, der auch dann immer kämpft, wenn er einmal unglücklich spielen sollte. Bangs, im kanariengelben Sweater wie so viele englische Torhüter, mein Lieblingssatz. Die Deutschen mit mehr Witz tatsächlich und die Engländer mit größerer Kraft. So sieht es bis jetzt aus. Ein Foul. Ja, Dienst deutet es halb an. Wenn zwei Spieler einen anderen in die Zange nehmen, dann ist das eine Regelwidrigkeit. Entscheidung ist absolut korrekt. Schnellinger wird treten. Achtung! Weber, jawoll. Für mich ist es bis jetzt ein sehr gutes, ein schnelles Endspiel. Charlton gegen Beckenbauer. Der Ball kommt gefährlich vors Tor. Weberweber. Schweigen. Das darf natürlich bitte einmal vorkommen. Entschuldigen Sie, daß ich zweimal Weberweber rufe. Denn ein bißchen ist man ja natürlich mit dem Herzen auch dabei. Jawoll, Herr Ball, Sie sind ein bißchen zu temperamentvoll. Held, verfolgt von Charlton, von den Brüdern Charlton, mein zweitliebster Satz. Höttges. Ich habe ihn so oft gelobt in seinen vier Spielen, die er zuvor gemacht hat, daß es eigentlich keine Steigerung mehr gibt. Aber er hat diese positive Kritik durchaus verdient.

Abwarten. Fürwahr ein schnelles Spiel, Banks muß klären. Hat der Banks zweimal Glück gehabt. Aber das hatten wir auch schon. Stiles, Cohen – jawoll. Freistoß für Deutschland. Wer weiß, wo sich die Waagschale hinneigt. Deutschland ist zumindest in diesem Spiel ein gleichwertiger Gegner. Mehr als das. Ich muß Ihnen sagen, ich bin begeistert von unserer deutschen Elf. Und sie spielen es auch richtig. Sagen Sie nicht, es kommen zu viele Querpässe. Man will diese starke Abwehr erst einmal herauslocken. Jetzt nach drei Querpässen kommt der Steilpaß. Bringt zumindest den fünften Eckball. Ein wechselvolles Spiel. Noch eine Minute bis zur Halbzeit. Höttges, seelenruhig, jedes Abspiel ein Zuspiel.

Und Schluß der ersten fünfundvierzig Minuten. Eine kurze Erholungspause für Sie, meine Damen und Herren, und auch für den Kommentator.

London lacht. Wenn ich das sage, meine ich natürlich das Wetter. Und wir freuen uns, daß die deutsche Mannschaft hier ein so gutes Spiel und vor allen Dingen auch faires Spiel liefert. Denn Sie wissen, was über diesem Turnier im allgemeinen lag und was man bei diesem Turnier auch teilweise der deutschen Elf nachgesagt hat. Eins zu eins, ein gerechtes Resultat nach den spielerischen Leistungen bis zur Pause und auch nach den Tormöglichkeiten. Es passiert viel, zu viel. Kein Foul meines Erachtens, kein Foul von Höttges, aber Dienst hat es gepfiffen. Höttges' Angriff galt dem Ball. England stürmt. England greift an. Da ist nichts mehr zu sehen von einer 4-3-4-Formation. Sollten die Engländer erkannt haben, daß Emmerich nicht seinen besten Tag hat? Stiles riskiert eine Hinausstellung sogar in diesem Finale. Er ist unbeherrscht. Jawoll, Haller entschuldigt sich. Gut. Seeler rutscht der Ball über den Spann ins Seitenaus. Das passiert allen, Uwe. Handspiel von Ball, aber das muß nicht gepfiffen werden, denn unsere Kombination lief ja weiter. Die deutsche Mannschaft ist am Ball geblieben. Aber die Engländer wissen, wer das ist, Beckenbauer. Sie sind wieder zu viert bei ihm. Nach Eckbällen führen wir jetzt klar mit 7:2. Apropos Beckenbauer. Der Mann ist keine 21 Jahre alt. Meine Damen und Herren, ich glaube, über den Erfolgen, die die deutsche Mannschaft in diesem WM-Turnier erzielt hat, vergißt man, wie jung unsere Elf eigentlich ist. Und ich bin ehrlich überrascht, wie großartig sie auch in diesem Finale gegen die routinierten Profis der Engländer kämpft. Denn ich könnte Ihnen das statistisch belegen, wie viele Länderspiele sie alle hier im rotweißen Dress bestritten haben. Schnellinger, unser Spiel ist variabel, unsere Positionen wechseln, Held. Tut mir leid, ich glaube, es ist trotzdem objektiv, wenn ich sage, daß die deutsche Mannschaft ausgezeichnet spielt. Nicht nur aus meiner Sicht. Ich glaube, die internationale Presse wird es hier bestätigen, auch wenn wir dieses Spiel nicht gewinnen sollten. Weiter. Charlton. Foul gegen Overath. Aber jetzt soll er nicht reklamieren, sondern die Formation einnehmen. Richtig, daß er sich entschuldigt. Aber man muß sich sofort formieren. So ähnlich ist nämlich der Ausgleich gefallen. Zweimal ist Stiles bereits unangenehm aufgefallen. Das müßte doch eigentlich reichen. Aber nein. Foul von Stiles. Jetzt wird's aber Zeit. Ich habe vorgestern noch eine gute Karikatur gesehen, unter der stand, daß Premierminister Wilson gesagt haben soll: »Jetzt haben wir keine Sorgen mehr mit dem Pfund, aber mit diesem Stiles.« Stiles bleibt im Spiel. Man mag über den modernen Fußball und die defensiven Systeme sagen, was man will, aber die konditionelle Leistung der Spieler in diesem modernen System ist unglaublich. Wenn ich mir so überlege, was Bobby Charlton leistet, was auf der anderen Seite Overath für Leistungen vollbringt, wie sie pendeln quer übers Feld, in die Tiefe, wie sie in der Abwehr stehen, wie sie angreifen. Das gilt für Beckenbauer, das gilt sogar für Uwe Seeler, das gilt fast für alle. Ein Schuß von halbrechts aufs deutsche Tor. Vorbei. Es waren Zentimeter. Ich weiß nicht, ob Sie's auf dem Schirm ermessen konnten. Es waren tatsächlich Zentimeter. Man kann ja auch fast nicht mehr sagen, wer in diesem modernen Fußball wirklich Verteidiger, wer Läufer und wer Stürmer spielt. Schauen Sie sich

Schnellinger an. Er macht das, was seine Aufgabe erfordert. Er geht mit Ball (dem Spieler). Geht Ball zurück, geht er mit nach vorne bis an den Strafraum. Da kommt er, links im Bild. Emmerich. Aber er dreht sich einmal zu viel und zu langsam und steht zu weit vom Ball. Wenn dann Ball noch in der Nähe ist, ist es aus.

Die Engländer in Ballbesitz, der Ball fliegt in den Strafraum. Höttges will ihn wegschlagen, trifft nicht richtig – und da: Tor. Oh. – 2:1 für England durch Peters, die Nummer 16. Da ist er. Schade, schade um den Fehlschlag von Höttges. Aber wem unterläuft in einem solchen Spiel kein Fehler? Ja, das ist natürlich eine Nervensache, ein solches Spiel. – Höttges wieder foulend im Einsatz. Wenn einem Spieler ein solcher Fehler passiert, dann will er es nachträglich besonders gut machen, begeht dabei sicher diese und jene Regelwidrigkeit. Jetzt drängen die Deutschen. Das ist richtig, was sie machen, auf Offensive umzuschalten. Mir gefällt dieses Endspiel immer noch. Seien Sie nicht allzu sehr enttäuscht, meine Damen und Herren, daß die deutsche Elf mit 1:2 in Rückstand liegt. Sie wissen, England ist Organisator, ist Hausherr, spielt zum sechsten Mal hier in Wembley vor seinem Publikum. Und sagen sie mir, welche Mannschaft sich besser gehalten hat. Ein Zögern. Vielleicht Portugal. Aber ich wage es zu bezweifeln. Held, Emmerich, Held. Foul von Stiles. Weiter, Vorteil, nein, gepfiffen. Ja, ja. Alles stürmt, und das ist richtig. Noch knapp vier Minuten. Foul, klares Foul, das ist doch selbstverständlich. Das sind schon fast taktische Fouls, denn dann können die Engländer die Abwehr formieren. Ja, Overath, Glück für Banks. Das ist richtig, daß der Kölner diesen Schuß aus 20 Metern riskiert hat. Aber Overath hat mit dem rechten Fuß geschossen.

Es sieht nicht gut aus.

Doch kurz vor Schluß wird Weber noch den Ausgleich schießen. Alles weitere und alles über das dritte Tor von Wembley (das das fünfte war, aber das dritte für die Engländer), können Sie nachlesen in »Drin oder Linie?« von Gerhard Henschel und Günther Willen.

»Ein Tor wie ein Gedicht!«
Vier Beispiele

Ausgewählt und in Form gebracht von
Fritz Tietz

0:1

Haller
Seeler
Schnellinger
Held
Sehr schön
Haller
GOAL!
Herrschaften noch mal
Zwölfte Minute
Haller
Mehr brauch ich ja nicht
Zu sagen

Rudi Michel (1966)

2:2

England verzögert
Höttges
Held
Aufgestützt jawoll
Ja natürlich
Ich sag ja immer: Die Engländer
Haben das *Fair play* erfunden
Aber nicht alle Spieler
Wissen das

So verrinnen Minuten und Sekunden
GOAL! GOAL!
Wenn Sie mich hören in Ihrem Jubel
Kann ich Ihnen jetzt sagen
Es war der Kölner Weber
Und es gibt keinen Zweifel für mich
Am Verdienst dieses Ausgleichs

Rudi Michel (1966)

3:2

Achtung
Achtung
Heiß
Nicht im Tor
Kein Tor
– Oder doch?
Jetzt
Was entscheidet der Linienrichter?
– Tor!

Rudi Michel (1966)

1:1

Noch eine Möglichkeit
Grabowski
SCHNELLINGER
Nein, nein, nein, nein
Tor durch Schnellinger
Unglaublich
Ausgerechnet Schnellinger
Werden die Italiener sagen
Ausgerechnet Schnellinger
Es ist
Nicht zu glauben

Ernst Huberty (1970)

Das kleinere Übel
Marcel Reif

Klaus Walter

Fußballgucken ohne Ton, das ist mindestens so unsinnig wie Tanzengucken ohne Ton. Mit dem Ton geht nicht bloß die Stimme des Reporters flöten, sondern auch die Stadionatmosphäre resp. das, was im übertragenen Soundmix von diesen vielfältigen Tonquellen übrig bleibt. Tonabschalten also geht nicht. Man muß das kleinere Übel wählen; noch der schlechteste Reporter liefert brauchbares Material, um fortgesetzt über Fußball zu reden, und ersetzt mithin den doofen Nebenmann im Stadion, der notorisch alles falsch sieht. Weil die Mehrheit der Zuschauer wegen des Fußballs und nicht wegen des Reporters zuschaut, entsteht die merkwürdige Konstellation, daß viele Betrachter einen entscheidenden Teil dessen, was sie da mit Leidenschaft sehen und hören, schlichtweg hassen: den Reporter. Dieser Haß veranlaßt sie aber keineswegs dazu, aus- oder umzuschalten, sondern im Gegenteil: Die Darbietungen des Reporters befeuern und stimmen gesellig gerade dann, wenn das übertragene Fußballspiel eher weniger gesellig stimmt.

Was macht Marcel Reif zum derzeit kleinsten Übel unter den Fußballreportern? Bei Reif bin ich einigermaßen in Sicherheit vor gröbsten Ausfällen. Sicher fördert die Beleidigung des guten Geschmacks mitunter den Unterhaltungswert. Wenn ich aber Fußball gucke, dann darf der Unterhaltungswert des Spiels nicht überlagert werden von unfreiwilliger Reporter-Komik.

Gemessen am Rest seiner Liga, gemessen an Beckmann, Faßbender, Hansch, Rubenbauer, Wontorra ist Reif das derzeit kleinste Übel, und im Vergleich zu all den anderen werden Reifs Fähigkeiten zu wirklichen Stärken.

»Ich behaupte, merken zu können, wenn ich jemanden höre, der keine Nähe zu einem Sport hat, es nicht selbst betrieben hat. Das kann ich ihnen immer an zwei, drei Dingen sagen, wo ich sagen würde, das war jetzt nicht so richtig, und das liegt daran, daß der nicht weiß, was da genau passiert«, gab Reif im Juni 1991 gegenüber *heaven sent* zu verstehen. Er weiß, welche Folgen ein Preßschlag hat, nicht nur für einen Spieler, sondern auch für den Ball, der danach in eine fast unvorhersehbare Richtung springt, dessen Flugkurve gute Spieler und Reporter aber dennoch berechnen können müssen! Reif weiß, warum Uwe Bindewald einen freien Ball auf der eigenen Torlinie nicht klären kann: weil er mit seinem linken Fuß nicht spielen kann. Reif weiß, wann ein Torschuß gegen die Intention des Schützen gefährlich wird: wenn der Schütze den Ball gerade noch mit dem Außenspann trifft und somit ein glücklicher Effet entsteht.

Zwei, drei Dinge, die ich von einem Spiel weiß, sind noch keine Reporterkunst. Aber es schmerzt, wenn einer diese zwei, drei Dinge nicht erkennt. Wenn er selbstgefällig unschuldigen Torhütern vorhält, der Ball sei haltbar gewesen, wo wir doch genau sehen konnten, wie der Ball bei der letzten Bodenberührung unhaltbar versprang. Reif ist meist auf der Höhe des Spielgeschehens und mutet seinem Publikum die Schilderung unspektakulärer Details zu: wie sich eine Abwehr spielend aus der Bedrängnis befreit, daß unsichtbare Unsympathen wie Mirko Votava oder Steffen Freund »mannschaftsdienlich« spielen. Das gefällt ihm. Diesen Luxus leistet er sich gegen ein zwanghaft eventfixiertes Umfeld, und er läßt sich nicht auf die Quoten-Regel ein, nach der allzu ausführliche Detailhuberei das breite Publikum langweile. So gesehen ist Reporter Reif unter den Starreportern, was Reporter gerne den »letzten

Straßenfußballer« unter den Fußballern nennen: der Fan am Mikrophon, der zigtausend mikroskopische Fandebatten über Abseitspositionen, Fehlpässe, Auswechslungen und Fouls in seiner Rede bündelt und dem Fan im Zuschauer weitergibt.

Deshalb kennt er das Wahre im Falschen solch metaphyselnder Metaphern wie »ein Spiel lesen können« oder »ein Spiel beruhigen«. Beides gibt es natürlich nicht wirklich, aber es gibt sie natürlich doch, die unscheinbaren Situationen, in denen einer per Rückpaß oder Seitenwechsel den Herzschlag seiner Mitspieler auf Normalmaß reduziert, vulgo »das Spiel beruhigt«.

Reif kommentiert Teamdarbietungen. Bei Rubenbauer und Hansch schreiben große Männer Fußball-Geschichte. »Möller gegen Glasgow.« Für Reif erwächst die gute Leistung des Spielers aus seinen einzelnen Aktionen, Rubenbauer mantelt noch den Einwurf in Richtung des eigenen Keepers zum großen Wurf des Feldherren Matthias Sammer auf. Reif würde nie in das bei öden Partien meist Mitte der zweiten Halbzeit einsetzende Lamento von den fehlenden Spielerpersönlichkeiten einfallen, ohne auf die Veränderung der Spielsysteme seit Wankdorf einzugehen. Er beklagt nicht das Fehlen eines Spielgestalters, der jetzt mal das Heft in die Hand nehmen müßte, denn er weiß, daß drei, vier enge Situationen mit unklarem Ausgang darüber entscheiden, ob ein Spieler am Ende zur »spielentscheidenden Persönlichkeit« wird.

Reif hat ein Faible für die Magie des Details, das den meisten Reportern fehlt, die lieber an ihrem nächsten großen Auftritt arbeiten. Oder sie schlafen ein bißchen – wie etwa Faßbender, der zwischen seinen schwadronierenden Intros und Outros seltsam unauffällig kommentiert.

Den Wechsel vom ZDF zu RTL hat Reif trotz anderslautender Prophezeiungen gut überstanden, was weniger an seiner Integrität und Umfeld-Resistenz liegt, sondern vielmehr daran, daß die Unterschiede zwischen ZDF-Fußball-Präsentation und RTL-Fußball-Präsentation geringer sind, als gewissenlose Modernisierer auf der einen und öffentlich-rechtliche Traditionalisten auf der anderen Seite zuzugeben bereit sind. Bleibt sich die ARD in diesem Bereich stur treu, hat die Sportredaktion des ZDF schon in den sechziger Jahren kapiert, was heute bei privaten Sendern und ihren öffentlichrechtlichen Nachahmern Gesetz ist: Auf die Frauen kommt es an! Das *aktuelle Sportstudio* war eine praktische Erfindung im Dienste der innerfamiliären Versöhnung am späten Samstagabend. Offenkundig unsportliche und sportfremde Moderatoren wie Thoelke, Schneyder und Friedrichs, frauenfreundliche Showteile und das quizkompatible Torwandschießen schafften einen historischen Kompromiß, der komischerweise erst Jahrzehnte später von Sat1 wieder aufgegriffen und upgedated wurde. Die schmeißen sich jetzt richtig fies den Weibern an den Hals, denn sie haben wissenschaftlich belegt, was ZDF-Visionäre einst bloß ahnten: Frauen bestimmen mehr und mehr die »öffentliche Meinung«. Sie erobern die *opinion-leadership* im Alltagsleben, sie entscheiden, welcher Radiosender eingeschaltet wird.

Reif ignoriert diese repräsentative Medien-Frau am Bildschirm, ihr habituelles Bedürfnis nach Klatsch, außersportlicher Information und Zerstreuung. Er gibt den Männern ihr Spiel zurück. Gleichzeitig entwickelt er allerdings einen spröden Charme, den ihm die Medien-Frau abkauft als Fußballesprit der Gegenwart: diesseitiger, aktueller als der artifizielle Johannes Heesters-Schmand des Gerd Rubenbauer und der verschleißanfällige Metaphern-Brüller-Stil des Werner Hansch.

Reif kann Matthäus-und-Basler-mit-Ball unterscheiden von Matthäus-und-Basler-mit-Mikrophon. Auf das von *ran* induzierte neue Star- und Freaksystem, das Nullen wie Klaus »da geht mir einer ab« Thomforde zu Personen gesteigerten Interesses aufbaut, kann er leicht verzichten, verfügt er doch über einen unschätzbaren Standortvorteil: Seine Produktionsstätte ist die Champions League, er muß sich nicht im Tagewerk des Bundesligageschäfts verbrauchen. Reifs Kraft liegt in der Ruhe einer 90-Minuten-Strecke, auf der gleichwohl andere verhungern, wofür der TV-Gott das Institut des Co-Kommentators ersann, der stets dann interessant wird, wenn er – Rolf Rüßmann! Reinhard Saftig! Holger Hieronymus! – obskure Qualitäten hat.

Reif erspart uns Exotismen und Ethnifizierungen, bei ihm wirbelt keine »Zaubermaus Zarate«, und Afrikaner sind nicht per definitionem »behende, geschmeidig, ballgewandt, aber was bringt's?«

»60, 70, 80 Prozent der Leute hier draußen wollen einen deutschen Jungen in einem deutschen Trikot sehen, der einer deutschen Hymne mit tränenersticktem Gesicht lauscht. Wenn ich kommentiere, werden Sie bei mir sehr wenig dieses manchmal gewünschten Patriotismus finden. Ich muß dem Affen nicht noch mehr Zucker geben, als er an sich schon lutscht, das ist genug. Ich kann allerdings auch nicht sagen: ›Das ist alles Quatsch.‹ Das ist so antizyklisch, da würde ich vom Sender genommen, was ich auch verstehen kann«, äußerte Reif gegenüber *heaven sent*. Er hat es so weit gebracht, wie es einer bringen kann in Kongruenz mit der Volksgemeinschaft, die er bedient.

Um 22 Uhr hängt das Mundwerk lose am Bett
Ein Besuch in der TV-Reporterschule

Günther Willen

Sie haben sich wieder alle Mühe gegeben in Barsing-hausen. Das örtliche »Rhetorikcenter Schlüter« hat die TV-Reporterschule mit einem Spruchband verziert: »Erst beten, dann reden!«, die extra aus Meppen ange-reiste Kolping-Kapelle bringt den Teilnehmern ein klei-nes Ständchen (»Barsinghausen, Barsinghausen, wir fahren nach Barsinghausen«), und der Bürgermeister appelliert in seiner Begrüßungsrede an den Sportsgeist der Reporter (»Es wird Zeit, daß wieder primär über den Fußball gesprochen wird«). Auch in der Heimatzeitung, dem *Barsinghausener Anzeiger*, fehlt es nicht an wert-vollen Tips für die Herren Hiepen, Hartmann, Ruben-bauer, Rummenigge, Faßbender, Feldkamp, Figgemeier, Kürten, Kramer, König, Jensen, Reif, Réthy, Ploog, Wontorra, Mohren, Dahlmann und Töpperwien, die sich hier für die Bundesliga-Berichterstattung warmfaseln.

Bananengelb scheint die tiefstehende Sonne in das Sprechzimmer von Walter Jens. Schon seit 1974 fungiert der lustige Lautsprecher aus Tübingen in Deutschlands einziger Reporterschule als Parenthesen-Einpeitscher und Zeilenschinder. Er hat in einem roten Ohrensessel Platz genommen. Vor ihm kniet Marcel Reif. Seine Ent-deckung. Auch im Sport sollte der Reporter »nicht be-kehren, sondern überzeugen – und zwar mit Methoden, die ihm der platonische Dialog, die Kunst Ciceros oder das heitere Parlando Senecas an die Hand gaben«, sagt

Walter Jens ihm lächelnd auf den Kopf zu. Doch Marcel Reif schaltet auf Durchzug, beißt die unrasierten Kinnladen fest aufeinander, und sein Mund wird zu einem dünnen, blutleeren Strich.

Das heitere Parlando Marcel Reifs leidet nämlich darunter, daß es in Deutschland kein Giuseppe-Meazza-Stadion gibt. Für Marcel Reif ist das Giuseppe-Meazza-Stadion Mekka und Garten Eden zugleich. Niemand auf der Welt vermag es zwingender züngelnd und lippenverspielter im Munde zu führen als Marcel Reif: Giuseppe-Meazza-Stadion! Immer wieder: Giuseppe-Meazza-Stadion! Sogar im Schlaf schalmeit und schnalzt er jenes wild zischelnde Wort genüßlich vor sich hin und muß deshalb alleine schlafen.

Das Zimmer nebenan teilen sich Béla Réthy und Jörg Dahlmann (Los-Entscheid). Ihr Dialog beim Zubettgehen ist tatsächlich regelmäßig recht platonisch: »Ich mache jetzt das Flutlicht aus.« – »Wir sind gleich wieder da!«

Altmeister Dieter Kürten, Eberhard Figgemeier, Karlheinz Feldkamp und Kalle Rummenigge dreschen für gewöhnlich noch bis spät in die Nacht ihr Phrasen-Quartett. Die meisten Punkte gibt es für »Da muß noch mehr nach vorne passieren in die Spitzen hinein«; erfolgversprechend sind jedoch auch »Ja gut, im Endeffekt ist einfach zu wenig über die Flügel passiert« und »Ein Tor würde der Partie jetzt guttun« oder »Tore sind nun mal das Salz in der Suppe«. Strikt reserviert für Rummenigge sind die Sätze »Ich muß der deutschen Mannschaft ein Riesenkompliment machen, denn sie hat eine Supermoral bewiesen« und »Ja gut, in der zweiten Halbzeit ist den Spaniern noch der Anschlußtreffer gelungen, aber die erste Halbzeit hat unheimlich Kraft gekostet, und im Endeffekt hat die deutsche Mannschaft verdient gewonnen.« So geht es manchmal bis zum Sonnenaufgang, bevor der Schlafsack endgültig zugemacht wird.

Kurz und na gut, es ist jedesmal ein Wiedersehen mit alten Bekannten und bekannten Stereotypen, wenn Deutschlands TV-Reporter im idyllischen Barsinghausen Einzug halten, um beim Bundesligastart gut durch-trainiert vom »Leder« ziehen zu können. Seit der Vize-Weltmeisterschaft 1966 (»Nicht im Tor!«) schwören Deutschlands Fernsehanstalten auf die isotonische Wir-kung dieses Klein-Kleinods zwischen Hannover und Hameln.

Ohne den berühmten »Geist von Barsinghausen« hät-ten Heribert Faßbender & Co. ihr Leben lang tüfteln können und wären doch nicht auf jene Formulierungen gekommen, welche es am Deister auswendig zu lernen gilt: »Da fehlte nicht viel«, »Das sieht böse aus«, »Ein rüdes Foul«, »Gut auch Hobsch«, »Im Strafraum brennt es lichterloh«, »Balakov sagt dankeschön«, »Stockfehler im zentralen Mittelfeld«, »Bei mir jetzt Helmut Schulte«, »Der Ausgleich eine logische Folge«, »Zu statischer Spiel-aufbau«, »Auf dem Weg zum Stammspieler«, »Aus vol-lem Lauf«, »Im Rückwärtsgang«, »Langes Bein«, »Poma-dig! Wie eine Schülermannschaft!«, »Die Chancenaus-wertung ist mangelhaft«, »Er versucht's alleine«, »Er kann beidfüßig schießen«, »Er hat aufgepaßt«, »Er ist völlig frei«, »Er zückt die Ampelkarte«, »Die Argentinier spielen lang und breit«, »Die Geißböcke machen die Räume in der Spitze zu«, »Unhaltbar für Andy Köpke«, »Vorne geht jetzt Kalle Riedle«, »Er will die Trage, der Schiedsrichter aus Griechenland«, »Alles wieder offen«, »Er sucht nach einer Position«, »Zurück zu Magdalena Müller nach Mainz« und »Wir haben ein streckenweise erstklassiges Spiel gesehen, und ich glaube, der Sieg der deutschen Mannschaft ist auch in der Höhe verdient, weil sie die größeren Spielanteile gehabt hat, oder was meinen Sie, Kalle Rummenigge?«

Längst hat die Legendenbildung um das Trainings-lager eingesetzt, doch für die Sportreporter sieht die Angelegenheit viel nüchterner aus. Barsinghausen be-deutet zehn Tage intensiven Trainings: Täglich fünf Kilometer Schnellsprechen ab 6.45 Uhr, danach Klang-körperpflege und gründliches Reinigen der Sprechwerk-zeuge. Zum Frühstück um 8.30 Uhr gibt's Pausentee und eine Direktschaltung zu Otto Rehhagel (»Jetzt wünsche ich Ihnen noch einen schönen Tag«), anschließend in der Sprücheklopferei Witzereißen auf Zuruf (»Wo bleibt das Spaßfernsehen?«), Gags haarscharf über der Grasnarbe einstudieren (»Nicht hölzen, Bein!«), lustige Redensarten büffeln (»Flach spielen, hoch gewinnen«, »Drei unten, drei oben«), seltsame Sachen wie »Ich lasse Sie jetzt mal mit den Bildern allein« und »Die Fahne ist oben« oder »Eingriff in die Familienplanung« zum besten geben und vor allem Standardsituationen üben noch und nöcher (»Er hat alle Zeit der Welt«, »Er macht alles klar«, »Die Zebras nehmen geschickt das Tempo aus dem Spiel«, »Die Löwen jetzt von links nach rechts«, »Von Andy Möller war heute überhaupt nichts zu sehen«, »Ganz links im Bild der Trainer«, »Die Chemie zwischen Trainer und Mannschaft stimmt nicht«, »Da brennt nichts mehr an«, »Der Pokal hat seine eigenen Gesetze« und »Alles schon mal dagewesen«). In der Wortwechsel-stube gibt ein Wort das andere. Günter-Peter Ploog sitzt still in der Ecke. Was empfindet er? »Es ist unglaublich, was hier abgeht«, meint der Starreporter hingerissen. Die anschließende Auffrischen-der-grauen-Zellen-Thera-pie ist dagegen nahezu eine Erholung.

Nach dem Mittagessen, das wie gewöhnlich mit den Worten »Also, da ist Pfeffer drin« eingenommen wird und den Gästen keinesfalls schmeckt, inhaltsloses Inter-vall-Schnacken (»Der Ball wird lang und länger«, »Die Spitzen bleiben stumpf«, »Haben Sie das gesehen, liebe Zuschauer?«, »Das war hart an der Strafraumgrenze, aber ich würde sagen, die Entscheidung von Schieds-richter Krug ist korrekt«) bis zum Abwinken durch die launische Diva vom Rhein, Walter Eschweiler. Wer es schafft, darf hinterher noch ein Dampfplauderstündchen mit Walter Jens halten. Thema: »Vorbei, die Eimsbütte-ler Tage«.

Nachmittags folgen Einzelgespräche mit Karl Senne (»Der Ball ist noch heiß«) und taktische Übungen wie »Der Blick zur Uhr«, »Zu weit vors Tor gezogen«, »Spiel läuft weiter«, »So schön kann Fußball sein«, »So brutal kann Fußball sein«, »So was rächt sich im Fußball«, »Der

Pfiff von Schiri Dardenne bleibt aus«, »Ich sehe gerade, Rolf Töpperwien hat unten am Spielfeldrand noch einen Interviewpartner – nein, doch nicht!« und Pausen-Anmoderation (»Nachdenkliche Gesichter auf der deutschen Bank«, »Standpauke in der Kabine«). Nach dem Abendbrot um 19 Uhr (Buchstabensuppe) stehen Vorträge mit Videoeinspielungen auf dem Programm: »Beobachtungen am Spielfeldrand« von Rolf Töpperwien, »Neu in der Mannschaft« von Falko Fröhner, »Aus dem Nähkästchen geplaudert« von Hans-Joachim Rauschenbach und »Ich habe sie alle geduzt« von Michael Steinbrecher. In der anschließenden Diskussion gehen die Meinungen oft weit auseinander, und die Sportreporter können ihrem Affen noch mal Zucker geben, was das Zeug hält, bevor dann der Abpfiff durch Gesprächsleiter Fritz von Thurn und Taxis erfolgt. Um 22 Uhr hängt das Mundwerk lose am Bett. Ein arbeitsreicher Tag geht zu Ende.

Wahrlich, kein Honigschlecken für alle Beteiligten: volles Programm, enge Räume, weite Wege, überall leere Worthülsen, Kabel, Kameras, Kopfhörer, Megaphone, Monitore und Schautafeln, keine Abwechslung und keine Verschnaufpausen für unsere Männer am Mikrophon. So haben sich Florian König und Norbert König, die beiden Küken in der Reporterriege, den Wort-Workshop bestimmt nicht vorgestellt. »Jetzt tut natürlich jeder Schritt weh«, befindet Florian. »Alles Einzelaktionen«, kontert Norbert, der kleine König, und schläft in Null Komma Nichts ein.

Eine Frage bleibt allerdings im Raume stehen: Geht man sich in Barsinghausen nicht manchmal auf den Geist? »Damit habe ich nie etwas anfangen können – 'n Abend allerseits«, knurrt Heribert Faßbender, der zum zwölften Mal dabei ist, ohne etwas dazugelernt zu haben. Pointenwart Rolf Kramer hebt den Blick von seinem Vokabelheft und haucht heiser in den nachtblauen Himmel: »Barsinghausen ist eine Werbung für den Sport. Wo ist das Problem?« Das ist Musik in den Ohren von Wilfried Mohren, der sich förmlich in einen Spielrausch steigert. Minutenlang steht er vor dem Wort-müllschlucker im Gang und murmelt ununterbochen: »Pure Ergebniskosmetik, pure Ergebniskosmetik!« Das wär's dann für heute.

»Barsinghausen, das ist die totale Isolation«, plaudert anderntags Marcel Reif aus. »Wie damals im Giuseppe-Meazza-Stadion«, setzt er noch seufzend hinzu und ver-schwindet wortlos in der Kabine zur Torschrei-Therapie. René Hiepen, der Spaßvogel im Team, geht regelmäßig in den Kraftausdrucks-Raum: »Ein livehaftiges Feuer-werk der guten Laune abschießen«, versichert er schmunzelnd.

Kurzfristig für den erkrankten Peter Jensen wurde – Achtung! – Thomas Wark nachnominiert, der sich kei-neswegs als fünftes Rad fühlt, sondern alles »prima« findet. Dann zieht er sich wieder in seine Spruchkam-mer zurück und macht eifrig Notizen (»ein prima Schuß«, »ein prima Auftakt«, »ein prima Bursche«, »es wird prima kombiniert«, »sie rücken prima nach«, »der Rasen ist in einem prima Top-Zustand«, »Und ich sag' jetzt mal, ein prima Spiel«). Kein Wunder, daß die Kolle-gen ihn hinter abgeschaltetem Mikro nur noch »Prima-donna« nennen.

Rolf Töpperwien (»Töppi«) wirkt total gerädert, irgend-wie fehl am Platze. Und das mit Recht: 16 Kamerateams und fast 2000 Kiebitze tummeln sich täglich im Trai-ningslager, stören den Unterricht, winken in die Linse, werfen mit Bierdosen, wollen Autogramme. Das kostet Kraft.

Selbst die Konferenzschaltung zwischen Waldemar Hartmann und Karlheinz Feldkamp (»Ich habe eine bessere Idee, Kalli Feldkamp!« – »Und die wäre, Waldi Hartmann?«) kommt nur noch einmal am Tag zustande.

Walter Jens hat deswegen das Rhetorik-Seminar den erschwerten Bedingungen angepaßt und auf das Aus-wendiglernen eines einzigen Wortes reduziert: »Natür-lich.«

Gelernt hat er's natürlich von Burkhard Weber, der »natürlich« mindestens fünfmal in jedem Satz unter-

114

zubringen weiß (»Natürlich erster Saisonsieg, zudem natürlich erster Auswärtssieg, dazwischen lagen auf fremdem Boden natürlich sechs Remis und natürlich neun Niederlagen, und Lumpi Spörl gelangen erstmals natürlich zwei HSV-Tore in einem Spiel«).

Da ist es natürlich verständlich, daß die Familie Siemensmeyer, deren Grundstück direkt an den Wortspielplatz grenzt beziehungsweise angrenzt, neugierigen Journalisten für Geld und gute Worte gerne einen vortrefflichen Aussichtsplatz vermietet. Vom Schlafzimmer aus ist das Geschehen »prima« (Thomas Wark) zu beobachten: Die Sportreporter, von Souffleusen und Logopäden hart umzingelt, rufen sich »natürlich« (Burkhard Weber) die neuesten Floskeln zu, während im Hintergrund Sanitäter über die Aschenbahn hasten. Der Grund: Dieter Kürten hat sich einen »Sprechblasenkatarrh« (Werner Hansch) zugezogen und muß die wehe Stelle von Gerd Rubenbauer besprechen lassen.

Die Laberwerte der Reporter werden ständig von DFB-Doc Prof. Kindermann überwacht. Was soll da noch schiefgehen? Eben.

Und wenn das Spiel im Mittelfeld mal klemmen sollte, werden wir als Fernsehzuschauer vermutlich wiederum genau darüber informiert, welchem Hobby die Patentochter des jeweiligen Schiedsrichters frönt (Jazzplatten sammeln) und daß die Quadratwurzel aus der Zahl der bislang bei Länderspielen geschossenen Ecken von links kurioserweise exakt mit Egidius Brauns aktuellem Cholesterinwert übereinstimmt. Jörg Wontorra, der von seinen Fans zärtlich »Wonti« genannt wird, nimmt's mit Humor: »Ja gut, das ist richtig!« Mit anderen Worten: Fußballherz, was willst du mehr!?

Freuen wir uns also darauf, daß Deutschlands Fußball-Reporter bald alle »über den Deister« gehen werden, um sich in Barsinghausen den letzten Schliff zu geben, und trösten wir uns damit, daß selbst Experten wie Beckenbauer, Beckmann, Braun und Jauch auch nur mit Babbelwasser kochen. Zurück ins Studio.

Das Topspiel der Woche
mit Volkes Hilfe

Eine Einkreisung von
Wiglaf Droste

Wenig Inhumaneres auf Erden gibt es als ein positives Vorurteil. Während das negative Vorurteil sich selbst ächtet und am Ende, wenn auch unbeabsichtigt, aufgrund seiner offenkundigen Beklopptheit zumeist gegenteilige und somit quasi aufklärerische Wirkung erzielt, erzeugt das positive und natürlich extrem gutgemeinte Vorurteil moralischen Druck und baut eine Erwartungshaltung auf, die niemand einlösen kann, gegen den es sich richtet. Behauptet z.B. jemand ernsthaft, alle im Lande lebenden Ausländer seien Heroinhändler, so wird er, außer von seinesgleichen, ausgelacht und fortan als der Dummklumpen behandelt, der er ist.

Der an Xenophilie leidende Gutmensch dagegen setzt den Ausländer der moralischen Erpressung aus, er habe sich gefälligst edelmütig und vorbildlich zu betragen wie Winnetou, der, wie man weiß, ja auch niemals mit Heroin hausieren ging, sondern mit frommen Sprüchen.

Handelt nun aber der Ausländer dem positiv rassistischen Vorurteil zuwider und schenkt gegen Geld Heroin aus, ist der Xenophile »menschlich tief enttäuscht«; schluchzend drückt er eine Träne ab. Zwar mißfällt ihm auch das Heroinverkaufen als solches, dabei vor allem aber die Tatsache, daß es der Ausländer tut, für den er sich so eingesetzt und stark gemacht hat; wie kann dieser Schurke ihm das antun! Ihm, dem guten Mann, dessen Geduld jetzt allerdings am Ende ist: »So haben wir nicht gewettet, Freundchen! Diesen Ausländer habe ich nicht bestellt! Vom Rückgaberecht wird nun unverzüglich Gebrauch gemacht. Äääh – kriegt man auf Ausländer eigentlich Pfand?«

Die klassische humanistische Position also wäre es, für das Recht jedes im Lande lebenden Ausländers zu streiten, Heroin zu verkaufen, ohne daß er sich dafür den Spruch »typisch Ausländer« anhören muß; auch das Sichbehängen mit Schnäuzern und Goldketten, das Tragen von Bötzelschuhen und weißen Socken, das Herumfahren in geschmacklosen Automobilen der Marke BMW inklusive einer Treibjagd auf Fußgänger muß dem ausländischen Mitbürger genauso gestattet sein wie seinem deutschen Widerpart, und solange hierzulande das Christentum toleriert wird, muß auch der Mullah, der mit Knebelbart, Schlafrock, Zwiebelmütze und Scheiße im Kopf durch die Straßen flaniert, ohne Gemurre von deutscher Seite seinen dummen Verrichtungen nachgehen können. Schwer nur ist diese Position zu halten; aber wer sagt denn, daß Humanismus leicht zu sein hat?

Auch das demokratische Vorurteil, »die da oben« seien sowieso Versager, und jeder X-Beliebige, den man von der Straße zöge, könne das allemal besser, gehört in die Kategorie Selbsttäuschung. Von meiner Nachbarin zum Beispiel, deren hervorstechendste Eigenschaft die Angewohnheit ist, Essensreste aus dem Fenster in den Vorgarten zu werfen, möchte ich nicht noch mehr regiert werden als ohnehin schon. Und so ist zwar die Beobachtung richtig, daß Reinhold Beckmann, Johannes B. Kerner und Jörg Wontorra kein Fußballspiel kommentieren und kein Interview führen können, ohne bei jedem, der auf Geist, Güte, Stil und Geschmack hält, äußersten Widerwillen zu erzeugen. Seltsam, daß die Ausfüller des *FAZ*-Fragebogens auf die Frage, welche geschichtlichen Gestalten sie am meisten verachten, nicht unisono mit »Beckmann, Kerner, Wontorra« antworten; es wird wohl an den Ausfüllern liegen. Das Reportertrio nämlich führt sich exakt so auf, als sei das tausendjährige *ran*-Reich angebrochen. Nicht einen Satz können diese Figuren von sich geben, der nicht naßforsch, dummdreist, auf niedrigste Instinkte zielend oder sonstwie zwanghaft wäre; der einzige Trost ist, daß ihre Vorbilder, Joseph Goebbels, Julius Streicher und Adolf Hitler, es ja auch nicht lange gemacht haben.

Und doch: Ersetzte man die drei durch Volkes Stimme, es wäre nichts gewonnen; das Grauen bliebe dasselbe. Gern zum Beispiel kehrt man am Samstagnachmittag in ein unweit der Wohnung gelegenes Café ein, um dort die Übertragung des sogenannten »Topspiels der Woche« auf Premiere zu verfolgen, weil man selbstverständlich kein Premiere-Abonnement hat, beziehungsweise wenn man doch eines hätte, damit beschäftigt wäre, darüber nachzudenken, was man wohl falsch gemacht hat in seinem langweiligen Leben.

Im Café allerdings ist ein Premiere-Abo willkommen; angenehm anonym kann man sich versammeln, und keine Kommunikationspfeife spricht einen von der Seite an, denn schön laut quasselt es aus dem Gerät. Alles scheint gut geregelt; selbst der Obermieter, den man huckepack ins Café tragen mußte, weil er es auch diesen Samstag wieder für eine gute Idee hielt, trotz seiner Vierundvierzigjährigkeit und trotz seiner unbegründeten Magersucht, der er beispielsweise mit dem nächtlichen, heimlich-hastigen Verzehr von Becel-Diätwurst frönt, selbst Fußball zu spielen, stöhnt und ächzt nach dem ersten Carachio nur noch kaum hörbar.

Kaum aber hat das Spiel begonnen, meldet sich das Salz der Erde zu Wort: »Mann Mann Mann Mann!« raspelt ein Kerl Ende dreißig ungebeten in die Runde; er raucht eine Selbstgedrehte, trinkt Weizenbier, hat lange, nicht allzu saubere Haare, trägt einen voluminösen Ranzen und einen Kopf, in den er sichtlich schon vieles hineingetrunken hat im Laufe seines Kreuzberger Lebens. Müssen denn Menschen wirklich alle Vorurteile bestätigen? Wäre es nicht vielmehr ihre Verantwortung gegenüber dem Weltgeist, wenigstens ab und zu für eine Überraschung zu sorgen, für eine unerwartete Volte?

Nein, sie müssen reden, wie sie aussehen, und aus-

118

sehen, wie sie reden: »Watt denn watt denn watt denn!« blafft der Stumpfkopf weiter und macht keinerlei Anstalten, auch nur eine der 90 anstehenden Minuten verstreichen zu lassen, ohne seine ureigene Besinnungslosigkeit ungebremst auszubreiten.

Pikierte Blicke durchkreuzen schamhaft den Raum; niemand wagt es, das fiese Geröchel des Weizensacks zu unterbrechen, der sich jetzt zu der originellen Idee vorgearbeitet hat, nahezu sämtliche Spieler sowie den Schiedsrichter als »Du Arschloch, ha ha ha!« zu bezeichnen.

Warum aber schweigen die in ihrem Genuß empfindlich Beeinträchtigten? – Es könnte natürlich sein, daß sie, genau wie ich, als Chronisten unterwegs und deshalb streng der Dokumentation verpflichtet sind, weshalb ein Eingreifen als Manipulation der Wirklichkeit abgelehnt werden muß. Ja, möglich ist das, aber ist es auch wahrscheinlich? Zwanzig Dokumentaristen, um einen einzelnen Nichtdokumentarier herumgruppiert vor einem Fernseher sitzend? Hat der Dokumentarismus in Deutschland soviel Gewicht?

Oder tagt hier nicht vielleicht ein Leidensfähigkeits-Workshop, und der bierige Mann ist gar kein Schwätzer, sondern ein Zen-Meister, der die Rolle des Widerlings nur spielt, während seine Schüler sich in Geduld üben, denn verloren hat das Spiel der, der als erster aufspringt, um dem Quälgeist zu geben, was des Quälgeistes ist, nämlich eine Schelle gar saftig und frisch? Und hätten sie somit nicht meiner Forderung nach irritierend-ironischer Brechung alltäglicher Seh- und Hörgewohnheiten nicht auf das perfekteste Genüge getan? Und sollte ich dem Selbstgedrehte rauchenden, Weizenbier trinkenden und soeben Rotz durch die Nase hochziehenden, den Schnotten sogleich in die hohle Hand speienden und ihn anschließend an seinem rechten Hosenbein abstreifenden Mann nicht dankbar sein, daß er mir den Kopf wusch und die Augen öffnete für eine Welt jenseits aller Vorurteile und jenseits von *ran*? Ich denke schon.

Augenzeugen berichten
Waldemar Hartmann legt nach

Albert Hefele

Im Bayerischen Fernsehen gibt es eine Sendung, die heißt *Blickpunkt Sport*, eine Sendung, in der es hauptsächlich darum geht, den FC Bayern und die Sechziger zu loben, und die blendend dazu geeignet ist, alle außerbayerischen Menschen in ihren Ressentiments zu bestätigen.

Das Studiopublikum scheint sich in der großen Mehrzahl aus Sportlergruppen und vagabundierenden Stammtischen zu rekrutieren, die landesübliche Originalität führt ihr Regiment in Form von Leder und Loden und Rautenmustern. Frohsinn ist ein *must*, alle sind der Kamera sklavisch ergeben, wohin die auch schwenkt, alle Schädel pendeln willig mit. Egal, wer auftaucht, ihm wird frenetisch applaudiert, besonders den Moderatoren und am ausdauerndsten dem ungekrönten König von *Blickpunkt Sport*: Waldemar Hartmann.

Freunde dürfen ihn »Waldy« nennen. Nicht etwa, weil er aus einer baumreichen Gegend stammen würde. Waldy Hartmann ist vielmehr in Augsburg beheimatet und führte dort ein Pilslokal mit Musik, das »Waldys«. Damals war sein Bart noch ausladender, dafür kannte ihn kein Schwein. Mittlerweile ist es gerade andersherum. Aktueller Stand: so grade noch vor Hitler Adolf. Oder sollte man lieber sagen: Sedlmayr Walter? Keine Mißverständnisse: Niemand unterstellt Herrn Hartmann irgendwas. Es geht rein um sein einwandfreies Optisches. Ein bißchen zu bunt, eine Kleinigkeit zu fett,

120

ein Hauch zu augenzwinkernd, zu anbiedernd, mit einem Wort: ein bisserl schmierig.

Deswegen ist er, der Waldy, noch lange kein Nazi oder pervers. Er ist – ganz im Gegenteil – stellvertretender Leiter des Programmbereiches Sport und Freizeit und Leiter der Sportredaktion. Und Moderator von Sendungen wie *Blickpunkt Sport*. Mal reinschauen?

Waldy (*wie bescheiden*): 'N Abend, 'n Abend. Ja um Gotteswillen ... was habts denn ihr vor?

Der Moderator trägt wie immer ein bonbonfarbenes Jackett, fesch gewellte Haare und ein wissendes Schmunzeln.

Das Publikum trampelt.

Waldy: Au, au. Des kann ja nett werden.

Alles lacht wie wild.

Waldy: So jetzt. Gott sei Dank ... ihr seid ja ein super Publikum, das ist ja wirklich nix Neues hier in München...

Publikum trampelt.

Waldy: Und weils ihr so ein super Publikum seids, hab ich euch heut auch zwei super Studiogäste mitgebracht. Da werdets staunen.

Publikum staunt.

Waldy: Zum einen hammer nämlich den super Sechzger-Trainer, den Werner...

Publikum donnernd: L O R A N T !

Waldy: Jawoll, und da isser auch schon! Werner, geh her!

Werner Lorant, im Trainingsanzug, tritt mit geballten Fäusten ein und stellt die Haare zu Berge.

Lorant (*mit zusammengebissenen Zähnen*): Ammd. Ammd. Hä, hä.

Waldy: Der Werner ist eigentlich (*beiseite gesprochen*) gar kein Bayer. Darf man des sagen, Werner?

Lorant (*bissig*): Mir doch egal. Mir doch völlig wurscht.

Waldy (*begütigend*): Sowieso. (*zwinkernd*) Hauptsache in Ordnung. Und das ist er ohne Zweifel, unser Werner. Oder?

Das Publikum trampelt und winkt in die Kamera.

Waldy: Und dann hammer noch jemand, der als Bayer über jeden Zweifel erhaben ist. Es ist der Karl-Heinz...

Publikum (donnernd): R U M M E N I G G E !

Waldy (*schmunzelnd mit dem Finger ermahnend*): Oooh, ooh, ganz falsch, ganz daneben.

Publikum (enttäuscht): Oooooch!

Waldy: Ja, ja. Wir begrüßen den Karl-Heinz Wildmoser!

Publikum aus dem Häuschen. Wildmoser stapft in einer Art Loden-Designer-Anzug herein. Breit und fett wie eh und je. Er streicht an seinem Bart herum, dann begrüßen sich alle mit männlich-energischem Handschlag.

Waldy: Servuss Karl-Heinz. Super ... setz di her!

Wildmoser: Servuss Waldy ... super Publikum...

Publikum rast nach wie vor.

Waldy: Au, au, au. Die sind heut super drauf, die warn wohl schon im Löwenbräu auf ein Weizenbier?

Wildmoser: ...und Weißwürscht?

Im Publikum haut man sich auf die Schenkel und vollführt pantomimische Trinkbewegungen.

Lorant, Wildmoser und Waldy: Hä, hä, hä. Löwenbräu, genau. Super.

Waldy (*plötzlich ernst*): Jetzt amal Spaß beiseite und zur Sache. Zu des Pudels Kern ... wie läuft's denn bei euch?

Publikum ebenso ernst und wie gebannt.

Lorant (*sofort aufbrausend*): Warum? Super! Warum?

Wildmoser (*jovial*): Des zweite Jahr ist immer, (*eindringlich*) immer das schwerste, des weiß der größte Depp.

Publikum nickt beeindruckt.

Waldy (*tut kritisch*): Ja schon, Karl-Heinz. Du weißt das, und ich weiß das ... aber ... die Spieler...

Lorant: Die sollen rennen und das Maul halten.

Waldy: Der Werner. Das ist ein Mann nach unserem Geschmack. Karl-Heinz – oder?

Wildmoser: Der ist schon recht.

Waldy: Der greift durch.

Wildmoser: Bei dem hamms nix zum lachn.

Waldy: Obwohl, eine Gaudi muß auch sein ... Werner?

Lorant: Gaudi? Wieso Gaudi? Die sollen rennen!

Publikum patscht enthemmt. Alle stieren und grinsen in die Kamera.

Wildmoser (*predigt*): Der Zuschauer, der kommt, weil er Burschn sehen will, die richtig arbeiten für ihr Geld.

Waldy (*besinnlich*): Wir müssen schließlich alle arbeiten. Wir kriegen alle nichts geschenkt. (*Zum Publikum*) Oder?

Publikum nickt nachdenklich.

Lorant (*aggressiv nickend*): Genau. War's das dann?

Waldy: Noch eine wichtige Frage, Werner (*zwinkernd*): Tust du eigentlich auch gern ein Weizenbier trinken?

Lorant (*verständnislos*): Was ist? Warumm?

Waldy: Sonst hätt ich dich gleich auf eines eingeladen, nach der Sendung!!!

Publikum tobt.

Alle schlagen sich gegenseitig auf die Schultern und verabschieden sich augenzwinkernd mit kräftigem Handschlag.

»Eieiei, der Teufel holt drei Bayernspieler vom Feld,
und das Auswechselkontingent von Otto
Rehhagel ist bereits erschöpft. Jetzt kann das Spiel
nochmals kippen.«

Unsere jungen Nervensägen
M. Steinbrecher, G. Delling u.a.

Susanne Fischer

Vermutlich ist Günthi Jauch an allem schuld, hat er doch glanzvoll vorgemacht, wie man mit personifizierter Bubihaftigkeit als Sportjournalist reüssieren kann und deshalb plötzlich überall seine junggebliebene Nase zeigen darf. Ein Wunder, daß der Mann, der seit geraumer Zeit seine Kompetenz fürs allgemein Menschliche entdeckt hat, nicht jede Sendung gleich in kurzen Hosen moderiert, die hervorragend zu seinem Kleine-Jungen-Image passen würden. Seitdem er demonstriert, wie das geht, ist auf allen Kanälen Infantilität Programm, besonders aber in der öffentlich-rechtlichen Sportereignis-Verwaltung, damit bloß niemand glaubt, man sei hier hinterm Mond. Und schon dürfen ungekämmte Scheinabiturienten, die immer etwas zu schrill gekleidet sind, leger in irgendwelchen Studios herumhängen und rund um den Fußball den Affen machen. Das nennt sich dann Moderation.

Beobachten wir einmal Michael Steinbrecher bei der Tätigkeit, die er vermutlich Arbeit nennt. Nennen wir es heute einmal *Das aktuelle Sportstudio.* Sehen wir ihn hereinzappeln: Da bemerken wir gleich, er möchte eigentlich wieder hinaus. Das ZDF aber hält ihn gefangen, wahrscheinlich gemeinsam mit Hänsel und Gretel, die so lange gemästet werden, bis sie im Alter von dreizehn Jahren aussehen wie 25 und als Sportmoderatoren verbraten werden können. (Gretel selbstverständlich nicht, weil ihr das potentielle »Schalke 05« auf der zarten Stirn geschrieben steht. Sie hockt nur zur Gesellschaft mit im Käfig.)

Steinbrecher ist schon dreizehn und hat deshalb Auslauf bis ins Studio. Im Käfig gibt es natürlich keinen Friseur, doch wir wollen nicht spießig sein und die Lokkenpracht ausnahmsweise durchgehen lassen. Der Stehkragen unter der Last der Locken signalisiert Modewilligkeit und Unkonventionalität, daß es nur so kracht. Wegen der Käfighaltung leidet Steinbrecher aber an Bewegungsmangel, was er sofort nach dem Herauslassen durch heftiges Gestikulieren ausgleichen muß. Da er in den vergangenen Jahren nur die alte ZDF-Hexe gesehen hat, glaubt er außerdem, daß alle Zuschauer schwer bekloppt sind und seine Worte gar nicht verstehen können. Deshalb erklärt er jeden Satz zusätzlich mit schlenkernden Extremitäten und wedelnden Händen. Wer jetzt nicht ausschaltet, hat selbst schuld.

Spricht er von der Integrationskraft einer Mannschaft, formen sich die Steinbrecher-Arme routiniert zu einem Kreis, damit auch ich begreife, worum es geht. Aha, ja. Elf Spieler sollen in seine Arme hineinpassen, das wäre die optimale Mannschaft. Da würden sie sich alle ganz toll verstehen und gar nicht streiten, weil sie keinen Platz dafür hätten. Muß der Trainer zwischen »Spielerpersönlichkeiten« etwas »ausbalancieren«, strecken sich die Moderatoren-Ärmchen tentativ nach links und rechts – vielleicht sollte Hans Hubert Vogts es auch mal so probieren. Falls sich die Spielerpersönlichkeiten in Faustnähe aufhalten, dürfte es klappen. Bei »Problemen« verschieben sich Steinbrechers Hände problematisch, bei »Ärger« verdreht er sie auf ganz unangenehme Weise – kein Zweifel, der Mann ist im *Sportstudio*. Als Leiter des Kurses pantomimische Gymnastik wäre er ideal, wenn er nicht gleichzeitig auch noch reden und reden und reden würde. Selbst als der Kameramann ein Close-up auf den Studiogast wagt, gelingt es Michael Der-mit-dem-Zeigefinger-wackelt immer wieder, irgendein schlaksiges Körperteil durch das Fernsehbild zu schleudern und natürlich auch dazwischenzureden, weil man ihm im Reporteraufzuchtkäfig gesagt hat, das wirke kommunikativ.

Problematisch wird die Angelegenheit bei einem Studiogast wie Stefan Effenberg, der selbst für präzise Gestik berühmt ist, und zwar speziell für etwas, das ein öffentlich-rechtlicher Zappelphilipp niemals nachahmen darf. Steinbrecher, nicht faul, hilft sich damit, bei jedem zweiten Satz aus Daumen und Zeigefinger ein kleines Arschloch zu formen und Richtung Kamera zu schaukeln, als wolle er etwas verdeutlichen, betonen oder vernebeln. Unterscheiden kann man das bei dem anhaltenden Geschaukel und Gewusel und den vielen Schwimmbewegungen schon lange nicht mehr. Als alles Gerudere nicht hilft, um den Bösbub der Bundesliga in den Schatten zu nerven, besinnt sich der Moderator auf sein Käfigabitur in Spielphilosophie und kramt, mit den Armen flatternd, die *Sportstudio*-Dialektik hervor: »Effenberg«, posaunt unser Mann verzückt in die Welt hinaus, sei »nicht nur schwarz und weiß«. Das hat nun ganz bestimmt noch keiner gesagt, bestand ja auch wohl bisher kaum ein Anlaß, den größten und frechsten von allen derart kariert darzustellen. An diesem grundlegenden Gedanken bleibt Steinbrecher eine beachtliche Weile kleben und wiederholt ihn hier und da wie von der eigenen intellektuellen Kühnheit bezaubert, doch auf eventuelle Folgerungen – Effenberg sei auch grau? rosa? türkis?, jedenfalls an den Stellen, die uns Sterblichen durch ein diskretes Trikot auf ewig verborgen bleiben –, auf derart kühne Schlüsse und Fortsetzungen des ja von Grund auf originellen Schwarz-und-weiß-Gedankens warten wir, Lehrer Steinbrecher, noch heute vergeblich.

Wer jetzt den Sender wechselt, kann das Pech haben, auf Gerhard Delling zu treffen, der aber bestimmt schon dreizehneinhalb ist und deshalb seine Gliedmaßen ein wenig besser unter Kontrolle zu haben scheint. Er verlegt sich darauf, den Jungsympathen par excellence geben zu wollen, doch wer ihm ins Gesicht schaut, sieht ins Leere. Schon rund um den Fußball ist der Anbiedermeier schwer auszuhalten, aber den Faktor zehn auf der

Schwiegermutterskala erreicht er, wenn er mit einer Art Kindergartentante, deren Name am besten auf immer vergessen wird, die Gala der überflüssigen Sportarten moderiert. Da befeuern sich Onkel Gerhard und Tante No-Name mit mühsam auswendig gelernten Spontan-Sentenzen gegenseitig, während im Hintergrund schmutzige Filmchen vom Dressurreiten laufen, bis sie in der eigenen dumpfen Betulichkeit ersticken. Nein, nichts bleibt nichts, auch wenn es im Fernsehen kommt.

Johannes B. Kerner dagegen ruhet breit in sich bis zum jüngsten Tage, was aber nichts besser macht. Steffen Simon gehört zu den Dauerlächlern aus dem eingangs erwähnten gebührengesponserten Horrorhähnchenstall, in dem Jungmoderatoren geklont werden, die man abends im Schrank auf den Bügel hängen kann und morgens nur ein wenig aufziehen muß, damit sie die Mundecken hochreißen, zutraulich Richtung Kamera schielen und den Hampelmann machen. Dabei sind sie selbst noch allemal derart hochzufrieden mit sich, daß sie vor Wonne bald das ganze Bild ausfüllen werden. Ich bin unkaputtbar! steht ihnen allen anstelle eines Werbeaufdrucks quer über die ganze Person geschrieben, und auch, wenn der Fußball längst ausgestorben sein wird, werden sie sich noch in allen Studios breitmachen und tun, als wären sie anerkannter Hauptact, Höhepunkt, ja multipler Orgasmus eines jeglichen Fernseh-Sport-Abends. Denn nicht saubere Spiele sollen wir gucken, solange sie die Präsentation regieren, sondern Shows, Dramen und Tragödien, und diese keineswegs auf dem Platz, wo sich dergleichen manchmal wie von selbst ereignet, sondern drumherum; in Vor-, Nach-, Neben- und Stimmungsberichten, Schlüsselloch-Reportagen und Interviews bis zum Abnicken. Schlau denkt sich der Nachwuchs, wenn ich erst mit dem Fußball-Drama fertig werden kann, darf ich bestimmt als nächstes König Lear geben oder, besser noch, den Bundesfehlpaß Helmut Kohl interviewen, oder ich werde gar selbst endlich einmal interviewt: »Herr Pappnase, ist es eigentlich schwierig, sich immer so legere Fragen auszudenken?« – »Ja gut, das ist kein leichtes Ding für uns, aber man kann das nicht nur mit schwarz oder weiß beantworten...«

Und wenigstens wollen die Bildschirm-Halbstarken nach zwei Wochen *Sportschau* ihre eigene Talkshow haben. Oder »Deutsche Schäferhunde sehen Dich an« moderieren oder durch die Modenschau »Kragenlose Hemden tragen« führen oder eine echte Problemsendung wie »Bitte melde dich auf gar keinen Fall« leiten; insgesamt somit endlich öffentlich zugeben, daß ihnen am Fußball nicht so viel – hier schnippe ich präzis und wegwerfend mit den Fingern – liegt.

Kritisch bis zur Leidenschaftslosigkeit
Die früher mal jungen Wilden des ZDF

Martin Krauß

»Sie machen doch nur den Fußball kaputt«, schimpfte Uli Hoeneß vor Jahren, damals schon Manager des FC Bayern München, und der immerhin mit Sie Angesprochene war Michael Palme, Sportredakteur beim ZDF.

Herrn Hoeneß hatte ein kurzer Film in Rage gebracht, in dem es um die Vorbereitung der Nationalmannschaft auf ein Länderspiel ging. Palme war dreist genug gewesen, beim öffentlichen Training nicht nur die DFB-Jungs abzufilmen, sondern auch Zaungäste zu befragen.

Der Film lief im *aktuellen Sportstudio*, das man damals noch so nannte, mittlerweile heißt es ja *ASS* – wie in England der Arsch und weltweit die Anti-Kopf-schmerz-Substanz.

Hoeneß war zu Gast im *ASS*-Vorläufer, saß da rum, hatte das *Corpus delicti* begutachtet und schimpfte auf Dieter Kürten ein. Doch dieser zutiefst christliche Mensch mit dem geöffneten obersten Hemdknopf vermochte nicht so recht zu antworten. Aber der Herr Palme, japste er, der mag den Fußball doch, der spielt doch selber und hat früher sogar gut gespielt.

Da verstand plötzlich noch der letzte Zuschauer, daß einer her muß, der dem Hoeneß Paroli bieten kann, daß der lockere Kürten-Schlips als Signum von Aufmüpfigkeit nicht ausreicht und daß das rebellische Potential von gläubigen Christen, die obendrein Sportjournalisten sind, recht schnell aufgezehrt ist.

Also trat Michael Palme aus der Deko heraus und

schritt in die grell ausgeleuchtete Studiomitte. Ungeschminkt und ohne daß eine Sitzgelegenheit parat gewesen wäre legte er los.

Hatte man zumindest gehofft. Denn Palme galt als Vertreter der jungen, kritischen und – na ja – wilden Sportjournalistengeneration, die vornehmlich beim ZDF anzutreffen war. Günter-Peter Ploog, Marcel Reif, Jochen Bouhs, Thomas Wark, Jörg Dahlmann, Rolf Töpperwien und eben Palme wollten keine schnarchsäckigen Huberty-Imitationen liefern, sie wollten weder Heribert Faßbender nacheifern, der sich spätestens fünfzehn Minuten vor Schluß einer für Deutschland noch nicht sicher gewonnenen Partie in nationale Vollräusche hineinfaselte, noch wollten sie unbedingt Wolfhard Kuhlins mit der Lostrommel beerben.

Man sah Palmes Auftritt somit erwartungsvoll entgegen, wurde aber bald enttäuscht. Palme haspelte zwar nicht gar so unbeholfen wie Kürten vor sich hin, jung, wild und kritisch war das aber auch nicht: Die Statements, wehrte er sich, die er da in seinen Beitrag eingebaut hatte, die seien doch wirklich gefallen, und wenn Hoeneß behaupte, das mit dem schlechten Kick und dem arroganten Verhalten der Nationalmannschaft sei eine Minderheitsmeinung, dann müsse er, Palme, antworten, daß es diesen Mann mit dieser Äußerung und dieser Unzufriedenheit doch auch gegeben habe.

Palme eierte rum. Die Entschuldigung, er sei unvorbereitet gewesen, gilt nicht. Schließlich hatte er auf die Gestaltung seines von Hoeneß geschmähten Beitrags den ein oder anderen Gedanken verwendet. Beim öffentlichen Training war Palme zugegen und vom Gehabe der Nationalkicker eben kaum zu begeistern gewesen. Doch statt ein paar gezielte, klare Sätze zum desolaten Zustand des deutschen Fußballs zu äußern: reine Konfusion. Ihm sein Scheitern als persönliches Manko anzulasten, wäre dennoch falsch. Etliche Jahre später weiß man, daß die Lage verzwickter war.

Das ZDF hatte seit Beginn der Bundesliga 1963 mit dem *aktuellen Sportstudio* im Vergleich zur Konkurrenz vom WDR die besseren Fußballberichte geliefert. Besser heißt noch lange nicht gut, aber man war durch den späten Sendeplatz im Vorteil. Mußte die ARD in der *Sportschau* auf unmittelbare Aktualität setzen, »den Ball sofort laufen lassen« (Faßbender), so besaß das sich leicht irreführend »aktuell« nennende *Sportstudio* die Freiheit, am Anfang eines jeden Berichts erst mal den Platzwart vorstellen zu können. Zwar kamen in den ersten Jahren noch etliche andere Ideen hinzu, doch bald fingen sämtliche Beiträge mit dem Platzwart an. Als man der alten Garde, der Valériens, Thoelkes, Günzlers, Warks (Oskar) und Kramers überdrüssig war, setzte man auf die »hoffnungsvollen Talente«, die sich forsch zu Wort meldeten und deren redaktionelle Arbeit gar originelle Features versprach.

Daß das allein keiner überirdischen Leistung gleicht, leuchtet heute ein, und worin genau die historischen Meriten der Palmes, Ploogs, Töpperwiens und Reifs begründet sind, weiß ein Jahrzehnt später niemand mehr zu sagen. Auch ein Blick in die zeitgenössische Literatur hilft kaum weiter. Norbert Klugmann schrieb 1982 in *Sport-konkret*: »Mir gefällt es nicht, die eitlen Pfauen vom aktuellen ZDF-Sport-Studio zu loben, aber es gibt zur Zeit nichts Besseres: Im ZDF findet man häufiger ›Hintergrundberichte‹, das ZDF löst sich leichter von der Fron der Tagesaktualität. Es berichtet mehr über die Lage in einzelnen Sportverbänden, Vereinen und über wenig bekannte Sportarten. Die Berichte sind im Durchschnitt länger und damit ausführlicher.«

Richtig ist eine solche Einschätzung wohl auch in der Rückschau noch, doch läßt sie die Vorteile eines späteren Sendetermins unerwähnt. Wenn die ARD-Kräfte Platz und Zeit haben, dann bringen sie Ähnliches zustande, in den Dritten Programmen zum Beispiel oder in der begleitenden Berichterstattung zu Weltmeisterschaften und Olympischen Spielen.

Zwei Neuerungen, so scheint es, lassen es gerechtfertigt erscheinen, vom historischen Verdienst der jungen Wilden beim ZDF zu reden. Einmal haben sie erstmals auch Stimmen zum Spiel eingeholt – egal ob vom Fan oder vom Frittenbudenbesitzer, Hauptsache nicht vom Platzwart – und dadurch ab und an der Fußballberichterstattung eine kritische Note verpaßt, die man bei den Kollegen der ARD allein deshalb nicht fand, weil da ja der »Ball sofort laufen« sollte. Zum anderen hängt während des *Sportstudio*-Sendetermins die Quote bereits so weit im Keller, daß man die Beiträge getrost ausdehnen kann, was unter Umständen halt auch ein Mehr an Inhalten zur Folge hat.

Von dieser Substanz hätte man zehren können. Irgendwann wären die ganz Alten in Rente gegangen, die ehemals Wilden hätten für Kontinuität gesorgt, und neue junge Wilde wären auf den Plan getreten. Hätte. Wären. Können.

Zwischenzeitlich wurde nämlich die *Sportschau*-Konkurrenz entmachtet – nicht von den Mainzer Wilden, sondern von den Privaten, die im Kampf um Quote und Zuschauer reizvolle neue Angebote aussheckten, um auch bislang Abstinente für Fußball und die entsprechende TV-Fußball-Performance zu gewinnen: aufwendigere Studiodekoration, ansehnlichere Moderatoren, mehr Kameras in den Stadien, Verbot von Faßbenderschen-Kuhlinschen-Hubertyschen Floskeln, nach denen die nachfolgende Ecke nichts einbrachte und das Spiel an Härte zunahm.

Ob dieser Konkurrenz sahen die jungen Wilden vom Lerchenberg sehr plötzlich sehr alt aus. Das, was man zunächst für Ansätze eines kritischen Sportjournalismus gehalten hatte, entpuppte sich nun als viel zu schlicht; so schlicht und pseudokritisch, daß es mit der Fußballaufbereitung der Privaten kompatibel war. Marcel Reif, Günter-Peter Ploog, Jörg Dahlmann und einige andere mehr flohen bald ihr Stammhaus. Die ehemals als Hoffnungsträger eines besseren ARD-Fernsehsportjournalismus gehandelten Jörg Wontorra und Reinhold Beckmann wechselten gleich in höhere Positionen.

Sie gingen ihre Wege, und die Vorstellung, es hätte da mal einen Haufen richtig sympathischer, junger, kritischer Sportjournalisten gegeben, stimmt angenehm nostalgisch. Man darf sich nur nicht ihre alten Filme wieder anschauen.

Diejenigen, die heute noch beim ZDF arbeiten, unterhalten nach wie vor ganz nett. Allein, der merkwürdige, hilflos von außen an sie herangetragene Anspruch ist verflogen. So nimmt es nicht wunder und ist auch keineswegs unsympathisch, daß sich ein Jochen Bouhs irgendwann mit Ruud Gullit angefreundet hat und seitdem Lobgesänge auf den niederländischen Stürmer als kritischen Journalismus verkauft. Fast vorauszusehen war, daß Thomas Wark, der noch zu DDR-Zeiten Kristin Otto gnadenlos angebaggert hat, kürzlich, wie *Bild* glaubhaft versicherte, beim Führerschein-Idiotentest durchfallen mußte. Ein Argument ist das gewiß nicht, aber der Vorgang nährt doch die Vermutung, Wark hätte, wäre Sportjournalismus ein Lernberuf mit Gesellen- und Meisterprüfung, nur bescheidene Chancen. Dann sehen und hören wir doch lieber Vater Oskar Wark, der, wie Norbert Klugmann bemerkte, den Mut aufbrachte, Angst vor dem Alleinsein einzugestehen, indem er sagte: »Ich bitte Sie, bleiben Sie bei mir, bis ich alle Spiele vorgelesen habe.«

Und so nimmt man schließlich beruhigt zur Kenntnis, daß Michael Palme immer noch ganz gute, aber kaum mitreißende Filmchen dreht und ab und an interessante Interviews führt.

Wenn Palme Glück hat, wird er vielleicht noch mal von Uli Hoeneß beleidigt. Und wenn Michael Palme schlau ist, wird er während der Schmähung im Regieraum hocken bleiben und genüßlich schweigen.

»Sieg für die DDR!«
Der Werdegang des Hubert Knobloch
Eine Reportage

Felix Schwadorf

Zehn Olympische Spiele, fünf Fußball-Weltmeisterschaf-
ten, 162 Länder- und 84 Europacupspiele hat der Sportreporter Hubert Knobloch in 25 Jahren für Radio DDR
übertragen. Heute liest er die Sportnachrichten beim
Mitteldeutschen Rundfunk und lebt für Dienstzwecke in
Leipzig, der Stadt mit dem größten Sackbahnhof Euro-
pas.

Hubert Knobloch steht wie verabredet am Ende von
Bahnsteig Zwölf. Klein, stämmig, korrekt gescheitelt.
Ein kurzer musternder Blick, ein fester Händedruck,
schon sprudelt es aus ihm heraus: »Für 300 Millionen
wollen die hier den Bahnhof umbauen.« Sein Zeigefinger
malt wüste Kringel in Richtung der imposanten Stahl-
konstruktion. »Wo haben die bloß das Geld her?« Offensichtlich steht der Mann schwer unter Strom. Draußen
rumpelt eine Ost-Tram vorbei. »Sehen furchtbar aus, ich
weiß, aber es sind auch schon moderne in Betrieb«,
zischt er und schließt einen nagelneuen, silbrig schim-
mernden Mittelklassewagen auf. Auch während der
Fahrt kennt der verdiente Radioreporter kein Halten.
Atemlos, als gelte es, die letzten turbulenten Minuten
eines aufregenden Pokalfights zu schildern, schimpft er
sich in Rage. Über diesen »entsetzlichen Dilettantismus«
bei seinem jetzigen Arbeitgeber, daß man ja heutzutage
die Leute geradezu »von der Straße weg an die Mikro-
phone holt«, und über dieses »sächsische Konglomerat,

das wie Pech und Schwefel zusammenhält«. Gereizt kuppelt er sich durch den dichten Feierabendverkehr. Doch nicht nur die Berufsehre scheint verletzt, Knobloch wittert sogar Verschwörung. »Die werfen mir hier doch nur die Brosamen hin. So Dinger wie Rodeln, Bobfahren oder Eisschnellauf. Ab und zu mache ich mal Zweite Liga. Zwickau-Unterhaching oder Jena-Leipzig, aber schon wenn der MSV Duisburg kommt, nimmt die ARD einen anderen.« Nach knapp zwanzig Minuten ist der erste Dampf abgelassen. Knobloch läßt den Wagen geschmeidig durch eine Art Kleingarten-Kolonie gleiten. »Ehemalige SA-Siedlung, aber jetzt wohnen hier, wie Sie sich vorstellen können, nur noch anständige Leute.« Er lacht zum ersten Mal.

Knobloch, der eigentlich in Berlin-Treptow wohnt, hat hier sein Dienst-Quartier aufgeschlagen. Die Wohnung, eine umgebaute Autowerkstatt, ist winzig. »Wie meine Studentenbude in Halle damals«, flachst er entschuldigend. »Was kann ich Ihnen anbieten?« Alles ist akkurat und praktisch eingerichtet, die Bastsofaecke beinahe gemütlich. Schnell stehen frischer Kaffee und Orangensaft auf dem Tisch, dazu eine dicke Scheibe Stollen. »Noch von vor Weihnachten«, und mit ausgesuchter Feinschmeckergeste, die Fingerspitzen an den Lippen, produziert Knobloch einen delikaten Schnalzlaut. Dem Vorschlag, im Gespräch vielleicht etwas chronologischer vorzugehen, stimmt er ohne Zögern zu. »Aber halt, ich muß mir erst etwas Bequemeres anziehen.« Er verschwindet kurz und kehrt in Bermuda-Shorts und Badelatschen zurück. »Ich bin bereit.«

Natürlich wollte Hubert Knobloch, früher aktiv als Halbstürmer bei Einheit Greiz, schon immer Sportreporter werden. Während seiner Armeezeit kauft er sich ein altes Tonbandgerät, »KW 100, tolle Erfindung«, und fängt an, darauf zu sprechen. »Völlig erschrocken« sei er gewesen über seine furchtbare Stimme. »Ich bin ja in Greiz/Ostthüringen aufgewachsen und hatte natürlich diesen Slang.« Er studiert Sport und Germanistik in Halle. Für Abschlußprüfungen in Leichtathletik und

Schwimmen spricht er seine ersten Versuchsreportagen. Eine von diesen Aufnahmen schickt er dann als Bewerbung an Radio DDR. »Die haben sich halb krank gelacht«, feixt er. Außerdem habe er zu starke Anklänge an »gewisse Vorbilder« offenbart. Westliche nämlich. Der berühmte 54er-Endspiel-Reporter Herbert Zimmermann sei doch sein großes Vorbild gewesen, »der hat mich richtig angelockt«. Trotzdem gibt man ihm eine Chance. Anfang der sechziger Jahre darf Knobloch beim Spiel Halle gegen Magdeburg an der Seite von Heinz-Florian Oertel eine erste Probereportage sprechen. Eines habe er aber bis heute nicht vergessen, und er senkt blitzartig die Stimme. »Oertel gebrauchte damals das Wort ›Anhaltinisches Derby‹«. Knobloch rückt ein wenig näher. »›Anhaltinisches Derby‹«, flüstert er beschwörend. »Und ich dachte mir, Menschenskind, wie kommt der auf dieses Wort? ›Anhaltinisches Derby.‹ Wahnsinn!« Befreit auflachend fällt Knobloch in den Bastsessel zurück.

Nach dem Studium ist in der Berliner Sportredaktion von Radio DDR zunächst keine Stelle frei. Knobloch wird »ganz normal« Lehrer für Deutsch, Sport und Erdkunde. Mitte der sechziger Jahre beschließt man, die sieben Fußball-Oberligaspiele in einer Konferenzschaltung zu übertragen. »Das war mein großes Glück, denn die brauchten auf einmal mehr Sprecher.« Der Kreisschulrat in Bitterfeld drückt ein Auge zu, und Hubert Knobloch zieht endlich in das große Rundfunkhaus in der Nalepastraße ein. Von der Atmosphäre dort ist er sofort beeindruckt, und seine damalige Kaderchefin unterstützt das Gefühl, zu den Auserwählten zu gehören. »Glauben Sie mir, es ist nicht selbstverständlich, daß Sie hier arbeiten«, zitiert er und beginnt ausführlich in jenem Ton zu schwärmen, den Sportreporter sonst nur anschlagen, wenn sie sich von der Schönheit eines Fußballspiels hinreißen lassen. Von der professionellen Arbeit erzählt Knobloch, der ausgeprägten Kollegialität und der Freiheit des Geistes, die in der Nalepastraße geherrscht habe. Die Hälfte der Redaktionsmitglieder seien keine Parteimitglieder gewesen, und nur zweimal in der 40jährigen Geschichte des Sportressorts hätte man Leute aufnehmen müssen, »die die Partei uns aufgedrückt hat.« »Wir haben schon in einer geistigen Oase gelebt – noch ein Stück Stollen?«

Er seufzt. Die Zeit sei förmlich an ihm vorbeigerauscht. Spartakiaden, Olympische Spiele, Europa- und Weltmeisterschaften in allen möglichen Sportarten, die heimischen Meisterschaften und natürlich die Oberliga. »Die Wochenenden, die ich in den 25 Jahren bei meiner Familie war, kann ich an einer Hand abzählen. Aber als Sportreporter muß das einem von vornherein klar sein«, räuspert er sich, peinlich berührt von der eigenen Sentimentalität.

1969 wird seine Tochter geboren, die Fluchtgefahr deshalb als geringer eingestuft und das Reisen ins westliche Ausland erlaubt. Sein Verhältnis zu den Kollegen aus der BRD sei »richtig kollegial« gewesen. Nur den Westberlinern habe der Neid natürlich immer ein wenig im Gesicht gestanden. »Da fährt der Knobloch eben morgens früh hundert Kilometer zum Skilanglauf, mittags überträgt er gleich einen Abfahrtslauf am Bildschirm, und abends schiebt der noch ein Eishockeyspiel hinterher.« Knobloch richtet den Zeigefinger auf. »Informativer und kompetenter obendrein. Das hatte damals auch die *Süddeutsche Zeitung* geschrieben.« Nach außen hin habe natürlich das einhellige Vorurteil geherrscht, daß die, die man in den Westen läßt, mindestens »Tausendprozentige« sein müssen. »Und bei der Staatssicherheit sowieso.« An Anfechtungen habe es selbstverständlich nicht gefehlt. Zweimal seien »diese Leute« an ihn herangetreten. In seinem Abiturjahr '57/'58 habe er da mal eine SED-Werbekampagne »regelrecht niedergeschlagen«. Was die alles versprochen hätten: Keine Armee und freie Wahl des Studiums. »Ich bin sehr konservativ erzogen worden, deshalb kam das gar nicht in Frage.« Er sei dann »aus lauter Gnatz und Protest« zusammen mit fünf anderen Mitglied in der Ost-CDU geworden. Da sei ganz schön was los gewesen. »Und ich bin immer noch bei der CDU«, schüttelt er den Kopf, »aber fragen Sie mich bitte nicht, warum.« Während seines Studiums sollte er in der evangelischen Studentenjugend spionieren. Richtig aufdringlich seien diese »Typen« gewesen, auch seine damalige Wirtin habe ihm besorgt davon abgeraten. »Da habe ich gesagt: Schluß, Feierabend, nicht mit mir.« Von da an hätte er eigentlich seine Ruhe gehabt vor »diesem Verein«.

Auf der Hut hätte man freilich immer sein müssen, und manch einer sei auch zu unvorsichtig gewesen. »Wie der Horst Bräunlich zum Beispiel, unser stellvertretender Redaktionsleiter.« Der habe sowieso fast nie ein Blatt vor den Mund genommen, aber einmal sei er wohl doch zu weit gegangen. Anläßlich seines fünfzigsten Geburtstages hatte dieser Bräunlich eine »prima Gartenparty« ausgerichtet. Zu fortgeschrittener Stunde erzählte Kollege Wolfgang Hempel eine Geschichte aus dem *Spiegel*, in der ein westdeutscher Industrieller berichtete, was für ein kluger Staatsmann Erich Honecker doch sei. Daraufhin hätte Bräunlich einen Lachkrampf gekriegt und lauthals geschrieen: »Dieser Honecker, der ist so dumm, der ist dümmer als mein Arsch.« Knobloch wirft lebhaft die Arme in die Höhe: »Dümmer als mein Arsch. Unfaßbar.« Was folgte, sei dann irgendwie klar gewesen: Auslandssperre bis zum Ende der DDR.

Für ihn selber habe es auch die eine oder andere brenzlige Situation gegeben. Zeitungen schmuggeln sei ja Standard gewesen, und einmal hat man ihn sogar mit einem West-Fernseher im Kofferraum erwischt. Von seinem BFC Dynamo Berlin-Boykott zwischen 1984 und 1988, weil er als Sportreporter mit der »unübersehbaren Bevorteilung dieser Mannschaft« nichts mehr zu tun haben wollte, ganz zu schweigen. Richtig kitzlig sei es während der Fußball-Weltmeisterschaft 1974 geworden, als die DDR mit 1:0 über die BRD gewann. Knobloch hatte eine andere Team-Gruppe zu betreuen und verbrachte den freien Abend bei einem alten Klassenkameraden in Stuttgart. »Als wir tatsächlich gewonnen hatten, war ich wie gelähmt. Ich dachte, jetzt kommen die großen Diskussionen.« Über Fußball wurde dann nur kurz geredet, dafür stritt man sich um so heftiger über Politik, besonders hitzig über den Paragraphen 218. Am Tisch saß jemand von der CDU, der sich emotionsgeladen gegen die Abtreibung aussprach. Anfangs nur erstaunt, wurde er zusehends bösartiger, weil Ost-CDU-Kollege Knobloch stur die SPD-Meinung vertrat. »Eine messerscharfe Diskussion«, faßt Knobloch knapp zusammen. Es wurde so spät, daß er beschloß, bei seinem Freund zu übernachten und nicht ins Hotel zurückzukehren – eigentlich schon ein schwerer Verstoß. Am nächsten Morgen dann der Schock: Auf dem Bahnhof läuft Knobloch sofort keinem Geringeren als dem damaligen Sportchef des *Neuen Deutschland*, Klaus-Ulrich Huhn, in die Arme. »Wo warst du gestern abend?« – »In diesem Moment ist mir das Herz in die Hose gerutscht.« Er antwortete wahrheitsgemäß, bei einem alten Schulfreund übernachtet zu haben. Huhn sei »nach drei Sekunden Nachdenken« zum Glück nicht weiter darauf eingegangen, und später in Berlin sei dann auch »nichts nachgekommen«. Knobloch lehnt sich zurück und faltet lässig die Arme hinter dem Kopf zusammen. »Huhn war wohl ein Scharfmacher, aber beileibe kein Anschwärzer.«

Kurz: Eine im großen und ganzen »tolle Zeit« habe er bei Radio DDR genossen. Auch nach dem Mauerfall. »Die schönste Zeit meines Lebens«, sagt Knobloch seltsam grimmig. Eine Zeit, als einem noch keiner etwas sagen konnte, als es keine Aufpasser mehr gab, als man nicht mehr leiser sprechen mußte auf dem Korridor. »Und die Fußball-WM 1990 in Italien mit dem Sieg der deutschen Mannschaft, mit mir in voller Länge am Mikrophon.« Ein wahrgewordener Traum. »Und dann war auf einmal Feierabend.« Knobloch setzt eine durchaus ernsthaft verblüffte Miene auf. »Wir hätten nie gedacht, daß dieses große Rundfunkhaus einmal aufhören sollte zu existieren.«

Ende 1991 wurde Radio DDR dichtgemacht, Knobloch

für das damalige Radio Sachsen angeworben, um einen starken Lokalsender mit aufzubauen. Doch die ARD will auf einmal eine »schmalere Anstalt«, ihm wird der Status eines freien Mitarbeiters vorgeschlagen. »Das ist, als ob sie einen Oberarzt zum Krankenpfleger machen. Da hieß es dann auf einmal, diese alten SED-Sprecher, die da früher immer ›Sieg für die DDR‹ gebrüllt haben, will doch keiner mehr hören, die Bevölkerung der DDR will andere, neue Stimmen.« Knoblochs Organ schwillt bedrohlich an, um schließlich doch zusammenzusacken: »Mein Schicksal war besiegelt!«

Es ist schummrig geworden in der ehemaligen Autowerkstatt. Eine runtergebrannte Kerze flackert wie bestellt. Beinahe wie erloschen wirkt auch der Sportreporter. »Es ist nur diese Hoffnungslosigkeit«, raunt er, »selbst wenn man überragend wäre, hätte man keine Chance mehr.« Er beginnt abzuräumen. »Und wenn mich jemand fragt, was für mich die Einheit Deutschlands gebracht hat, dann sage ich ihm drei Dinge: daß ich ein besseres Auto fahren kann als früher, daß ich in Frankreich Urlaub machen kann und daß ich die Berliner Philharmoniker an Ort und Stelle sehen kann – ich fahre sie noch zum Bahnhof.«

Auf der Rückfahrt fingert Knobloch an den vielen bunten Knöpfen seines Kassettendecks herum. Er sucht noch eine »bestimmte Stelle« aus dem WM-Halbfinale Deutschland-England, »120 Minuten plus Elfmeterschießen«, er hat die Aufnahme zufällig dabei. Aber wie er auch vor- und zurückspult, der entsprechende Passus ist nicht zu finden. Statt dessen hören wir die letzten Minuten des Knoblochschen 90er-Finalkommentars: »Aus! Das Spiel ist aus! Deutschland ist Weltmeister!« Sieg für die BRD »und schöne Heimreise«.

Im Brennglas heißer Sportdramatik
Ein Dramolett mit Heinz Florian Oertel

Bernd Dittrich & Michael Rudolf

Personen: Beckenbauer, Bransch, Breitner, Croy, Cullmann, Cruiz, Flohe, Grabowski, Hamann, Hoeneß, Höttges, Hoffmann, Irmscher, Kische, Kreische, Kurbjuweit, Lauck, Maier, Müller, Netzer, Oertel, Off-Stimme, Overath, Schwarzenbeck, Sparwasser, Vogts, Wätzlich, Weise.
Ort: Reporterkabine im Volksparkstadion, Hamburg (BRD)
Zeit: 20. Juni 1974

PROLOG

Herein Heinz Florian Oertel.

AKT

Oertel: Ba-be-bi-bo-bu-bä-bö-bü-bau-bei-beu. *Mißt rennend einmal seine Reporterkabine aus.* Ba-be-bi-bo-bu-bä-bö-bü-bau-bei-beu. *Coram publico.* Wem meine Sprechübungen übertrieben erscheinen, der möchte bitte mal Bedeutung und Verantwortung überprüfen, die öffentlich in Rundfunk und Fernsehen Sprechende tragen. Was die Herren an den anderen Mikrophonen nun beim Spiel an Rhetorischem bieten, müssen sie vor ihrem Gewissen und dem Geschmack ihres Publikums verantworten.
Setzt sich und drückt einen Knopf.

Hallo, mal die Regie für die Reporterkabine!
Äthergeräusche.
Stimme *Off*: Ja bitte?
Oertel: Sagt mal, Sportsfreunde, welches Spiel über-
tragen wir eigentlich?
Stimme *Off*: 07-24.
Oertel: *Entnimmt einem Aktenkoffer einen versiegelten
Umschlag mit der Zahlenkombination 07-24. Liest.* Oh!
Aja! *Rotlicht blinkt auf.*
Oertel: Hallo, liebe Sportsfreunde zwischen Fichtelberg
und Kap Arkona. Ich melde mich heute für Sie aus dem
Volksparkstadion in Hamburg, wo vor wenigen Augen-
blicken das Fußballländerspiel DDR–BRD begonnen hat.
Für unsere Jungs ist es das insgesamt 135. Länderspiel.
Und wie Sie alle wissen, bin ich ja seit dem zweiten
offiziellen Länderspiel der DDR-Auswahl dabei. Am 26.
Oktober 1952 traten wir dort gegen Rumäniens Natio-
nalelf an, und ich saß in der Reporterkabine. In der 26.
Minute konnten wir frohlocken: ein überraschender
Fernschuß des Thüringers Karl Schniek und – Tor! Das
allererste Tor unserer Länderspielgeschichte! Daß wir
dieses Match 1:3 verloren und daß wir auch die folgenden Länderspiele bis zur Nummer sieben noch nicht
gewinnen konnten, spornte uns nur an. Damals warnte
mich ein Freund: Fußball – das laß mal lieber sein! Das
kann und wird dir wenig Freude bringen... Wieso eigentlich? Erstens ist und bleibt Fußball das beliebteste Spiel,
und es wäre dumm, das zu ignorieren. Und zweitens:
Was wahr ist, muß wahr bleiben. Und es muß beschrie-
ben werden, wie es war und hoffentlich wird... Ich selbst
war ja nur ein mäßiger Spieler. Damals, im Cottbus der
vierziger Jahre. Und dennoch: Mein Trainer-Lehrer
hatte mich nach vorn beordert, forsch und frei nach dem
Motto »Da ist noch am wenigsten zu versauen«. Ich
spielte also Stürmer. In solchen Partien, die von mir aus
eigentlich danebengingen, passierte aber auch das:
Nachdem ich eine Stunde lang keinen Stich sah, er-
wischte mich ein Eckball am Hinterkopf. Ich konnte
nichts dafür. Ich stand eben da, wo der Ball landete.

Vom damals noch vollen Scheitel zischte der Ball ins äußerste Toreck. Unhaltbar! 1:0! Anstoß, Abpfiff. Wir waren Sieger! Und – ich war der Held des Tages! Die meisten tätschelten mich, und andere wollten mir gleich die Klamotten nach Hause tragen. Apropos: Unsere Elf heute wieder in den bewährten strahlend blauen Trikots – strahlend blau wie der Himmel über unserer Sportbewegung in einer neuen Gesellschaft! Spricht es da nicht Bände, daß die Profispieler aus der BRD in schwarzweiß aufgelaufen sind?! Auf meinem persönlichen Erlebnisweg, der von dauerhaften Kämpfen verschiedenster Art gekennzeichnet ist, gibt es keine bezeichnendere Demaskierung jener Kräfte, die immer wieder und immer noch gegen die friedliche Verständigung aller Sportler und für ein jetzt noch brutaleres Ausbeuten des Sports mit kommerziellen Würgegriffen sind. Schon deshalb gebietet die Journalistenpflicht das mahnende Wiederholen der Tatsachen, verbunden mit dem Fučik-Wort: Seid wachsam! Ja, Träume sind schön. Doch schöner als alle Träume ist die Wirklichkeit, die wir erlebten und erleben. Daß aller Anfang schwer ist, kennzeichnen nicht nur Sprichwörter, das schreibt das Leben. Immer wieder und für jeden von uns. Der Weg des DDR-Sports, wenn dieser historische Vorgang überhaupt auf einen Begriff zu bringen ist, begann auf vielen Wegen. Überall in unserem Land fanden sich damals, in den ersten, harten Nachkriegsjahren, Frauen und Männer, die mit Mut und Zuversicht die Ärmel hochkrempelten. Alle visierten ein fernes, vorerst nicht exakt zu beschreibendes Ziel an, und keiner wußte genau, wo und wann wir ankommen werden. Erst einmal »Los!« und »Ran!«, das waren die Parolen. Und deshalb lassen Sie mich noch einmal wiederholen: Alle unsere Kraft für eine neue Sportbewegung in einer neuen Gesellschaft! Nur-Sport existiert nicht, und Nur-Sportreporter, die nur Bälle und Räder, Tore und Punkte sehen, sind eine Katastrophe. Ich maße mir ohnehin nicht an, auch nur einen Löffel voll sogenannter »Fußballweisheit« wie Lebertran dem »Kranken« in den Mund zu flößen. Doch eines weiß ich aus allzuvielen Beobachtungen am »Krankenbett« unserer Kicker: Uns hemmten besonders Minderwertigkeitskomplexe, mangelnder Mut und krankhafter Lokalpatriotismus. Inzwischen leben wir aber in einem Fußballhoffnungshoch, das endlich alte graue Wolken verdrängen wird. Es reißt die Zuschauer von den Sitzen und führt daheim an den Bildschirmen zu Blutdruckanstieg und hohem Bierverbrauch, es läßt Millionen Menschen unserer jungen Republik ein neues, patriotisches Gefühl erwachsen. Das inspiriert und animiert sie auf diese ganz spezifische Weise, gleichfalls mit neuem Mut und Elan an ihre persönlichen und gesellschaftlichen Aufgaben heranzugehen. Aus heutiger Sicht, da wir die Kämpfe dieser ereignisreichen Jahrzehnte von der Siegerwarte der Geschichte überschauen können, läßt sich sagen: Um die gewaltige Potenz dieser dynamischen Entwicklung zu schildern, braucht es Reporterstimmbänder aus Stahl...

Sparwasser: *Schießt.*

Maier: *Läßt rein.*

Oertel: ... und die habe ich!!!

2. Halbzeit: *Endet.*

EPILOG

Rotlicht verlischt. Heinz Florian Oertel dreht eine Ehrenrunde durch seine Reporterkabine, spreizt die Arme, lächelt ins Publikum. Sein Hemd flattert im eigenen Wind. Mit Luxation ab. Vorhang.

Der Text basiert vollständig auf Zitaten aus: Heinz Florian Oertel, »Dreißig Jahre wie ein Sprint«, Sportverlag Berlin, 1984. Semantische Eigentümlichkeiten und schwankende Tempi wurden beibehalten.

Bei der Betrunkenen-WM
»Sellvaschändlich legn wir ... hups ... Protest ein.
Der Gegner hatte ... hicks ... mehr als
drei Spieler unter 1,8 Promille auf'm Platz...«

Der Experte als wandelnde Bierflasche
Paule Maier

Susanne Fischer

Guten Abend, meine Damen. Wir begrüßen Sie herzlich zu unserer Übertragung des Super-Duper-Bundesliga-Champions-League-Pokal-WM-Olympia-Semi- und Vollfinales Eintracht gegen Concordia. Es verspricht, spannend zu werden. Vor dem Fernseher erwartet Sie heute: Paule Maier. Sie kennen ihn ja schon. Morgens erklärt er Ihnen die Politik und wie es in der großen Welt zugeht, mittags meckert er am Essen herum, abends dann am Fernsehprogramm (als ob Sie was dafür könnten). Falls Sie zu unseren Kreisen gehören, erläutert er Ihnen die linke Politik und findet Ihr Gemüse irgendwie nicht so gut, weil es im Supermarkt gekauft wurde. Abends erklärt er Ihnen, daß es schlecht für die Umwelt und die Dritte-Welt-Länder ist, falls Sie sich eine neue Bluse kaufen und –

Im Gegensatz zu den Fernsehschranzen ist er leider andauernd im Bild, denn er sitzt neben uns zu Hause auf dem Sofa. »Elfmeter!« rülpst er hoch zufrieden, wenn es wieder (und zu Recht) keinen gibt, denn aus irgendeinem Grund gefällt ihm Fußball im Fernsehen am besten, wenn er anderer Meinung als der Schiedsrichter sowie der Klugscheißer am Mikrophon ist und sich nach Kräften über die seltene Blödheit dieser beiden Tranfunzeln und Blindfische aufregen kann, dann auch schnell über die Dummheit in der Welt allgemein (mit Ausnahme von Paule Maier). Die Mutter blicket derweil stumm über das Elend hin und sehnt sich nach Kürtens Dieter, der vielleicht auch einen Bauch hat; man sieht ihn aber nicht so. Außerdem sitzt seine Frisur besser.

»Gib doch ab!« brüllt die wandelnde Bierflasche neben uns plötzlich wie aufgeknallt, und erschreckt wollen wir ihm die Salzstangen hinüberreichen – da merken wir, daß er den Linksaußen meint, obwohl der ihn nicht hören kann. Mit hochrotem Kopf zappelt der Baumwoll-ripp-Träger jetzt auf dem Sofa herum; gleich wird er mit den Fäusten auf die Mattscheibe trommeln, weil man ihm nicht zuhört. Vielleicht wäre es nun für Sie an der Zeit, ihm auch einmal etwas zu erklären, etwas Fern-sehtechnik zum Beispiel. Dummerweise ist er aber stär-ker als Sie. Und weiter geht's: »Das ist nicht zu fassen! So was habe ich noch nie gesehen! Das kann meine Oma besser!« Alles faustdicke Lügen, meine Damen, Sie hö-ren jetzt am besten gar nicht hin. Stellen Sie sich lieber Dieter Kürten auf dem Bärenfell vor. Huch! So habe ich das doch nicht gemeint. Laß das sofort nach, Dieter!

»Wer hat dem Blödeimer denn erzählt, er könnte Fuß-ball spielen?« fragt der fleischgewordene Pantoffel neben Ihnen, und er spricht anscheinend über den Libero. Die Frage könnten Sie beantworten, aber Sie wollen es nicht und sollen es auch gar nicht. Außer bei »Was gibt's zu essen?« wollen Männer nämlich keine Antworten. Wenn Sie das Wort »Brille« in einem beleidigenden Zusam-menhang vernehmen, geht es dann natürlich um den Schiedsrichter. Sobald ein heraushängendes Unterhemd durch Ihr Gesichtsfeld wischt und Sie deshalb das ent-scheidende Tor verpassen, wissen Sie, daß die Bierfla-sche leer ist und der Wohnzimmer-Kaiser sich *selbst* eine neue holt. Darauf können Sie stolz sein! Er ist es schließlich auch.

In der Halbzeit werden Sie mit interessanten Informa-tionen und Analysen von Günther Jauch und Franz Beckenbauer (im Bild) und Paule Sofagott (im Ton) versorgt. Er erklärt, daß ihm die Fußballkarriere zu anspruchslos war und er deshalb Versicherungsvertre-ter (oder Professor oder Schlachter) wurde, obwohl er doch beim 1. FC Dingsbums damals in der 27. Kreisklasse das entscheidende Ding vorbereitet, geschossen, verhindert oder jedenfalls gesehen hat. Huscht da nicht Dieter Kürten, tadellos gekleidet, durch den Bildhintergrund? Bevor Sie noch ganz sicher sind, erklärt Kürtens Ersatzspieler neben Ihnen, was er als Bundestrainer anders machen würde. Sollte ihm der Gesprächsstoff ausgehen, fragen Sie einfach, warum Charly Dörfel nicht mehr beim HSV ist. Das rettet seinen Abend.

Falls Sie Ihren Abend auch mal retten wollen, ziehen Sie sich aus dem Strafraum zurück und erklären, Sie könnten dem ganzen blöden Spiel nichts abgewinnen. Gnädig wird er zustimmen, daß Sie heute Ihre Freundin besuchen, vor allem, wenn Sie mit dem Staubsauger drohen. Daraufhin ziehen Sie mit Ihren neun besten Freundinnen zur einzig unverheirateten Dame Ihrer Bekanntschaft, hocken sich dortselbst mit viel Bier, wahlweise Likör, vor den Fernseher und lassen es sich mal so richtig gutgehen.

Ehe das Spiel anfängt, sollte es schon mal vorab besprochen werden, damit dann nachher alles klargemacht werden kann ohne Umstände. Am besten, Sie übernehmen gleich die Führungsrolle, denn auf dem Platz bestimmt nur einer, damit eine Harmonie herrscht, die man dann auch umsetzen kann, und erklären Ihren Freundinnen alles, was sie daheim gelernt haben, lassen dabei aber das Unnötige weg. Motivieren Sie! Spornen Sie an! Erwähnen Sie, daß Zuschauerinnen immer und vorab zu den Siegerinnen zählen, also praktisch nichts schiefgehen kann! Nehmen Sie den Damen die Angst vor dem Anpfiff und auch davor, was danach zu sehen ist. Fangen Sie eventuell ruhig schon mit den Getränken an (zur Entspannung) und erörtern Sie gemeinsam a) die Spieler und b) die Spielerfrauen. Dann ist nachher alles klar, und man vertändelt die kostbare Zeit nach dem Anstoß nicht unnötig. Jede weiß dann vorab, wo ihr Platz ist und was sie zu tun hat.

Die Erläuterung von Regeln und Zählweise reduzieren Sie bitte auf ein Minimum. Man muß kein Atomphysiker sein, um eine Steckdose zu benutzen – das sagt Ihr

Mann schließlich auch immer. Vergleichen Sie lieber in trauter Runde Ihre Füße und versuchen herauszubekommen, welche Ihrer Freundinnen einen schwächeren linken, wahlweise rechten davon hat. Das erleichtert später beim Zusehen die Identifikation mit ausgewählten Protagonisten, und zwar nach sachlichen Kriterien.

Wenn der Anpfiff naht, verordnen Sie Entspannungsübungen. Vergewissern Sie sich noch einmal, ob alle die wichtigsten Regeln verstanden haben: Augenzuhalten gilt nicht! Mundhalten auch nicht. Und jetzt drehen Sie den Ton aus.

Verschiedene Kommentatorinnen durcheinander: »Die Trikots sind aber blöde! Da kann man ja nicht gewinnen.« – »Den Matthias Sammer finde ich so was von süß...« – »Der? Den würde ich noch nicht mal meine Einkaufstasche tragen lassen!« – »Gibt es eigentlich auch Spieler mit schönen Beinen?« – »Klar!« – »Gib doch ab, du Sack!« – »Und mit Abitur?« – »Mit schönen Beinen!« – »Ruhe! Man kann ja gar nichts verstehen!« – »Nimm doch an, du Sack!« – »Beckenbauer, Beckenbauer. Den kann doch jede gutfinden! Aber Winnie Schäfer liebe nur ich.« – »Ruhe! Ich kann gar nichts sehen!« – »Wer spielt da eigentlich?« – »Was spielen die da eigentlich?« – »Hör doch endlich auf mich, du Sack!« – »Worum geht es eigentlich, ich meine, ist das da wichtig?« – »Lolita finde ich doof!« – »Die spielt doch gar nicht mit!« – »Muß man fürs Mitspielen doof sein?« – »Wie findet ihr Dieter Kürten?« – »Soll ich mal auf den Platz kommen und dir zeigen, wie das geht, du Sack?« – »Wie steht es eigentlich?« – »Ach, der alte Sack!« – »Was hat der denn, der Simulant?« – »Der Schönling mit den runtergerutschten Stutzen hat ihm voll in die Eier getreten!« – Pause. Alle, im Chor: »Das war auch in dieser Höhe voll verdient! Du Sack!!«

Die Damen lachen sehr, sehr unsympathisch. Das Spiel ist vorbei. Eine hält ein Schild hoch: »Die Annaliese«. Jede muß jetzt etwas Kluges in eine hingehaltene Banane sprechen, damit klar ist, daß Frauen auch die wichtigsten Sachen a) nicht verstehen, b) nicht kapieren, c) nicht begreifen. »Frau Müller, es hat nicht ganz gereicht, woran lag's?« – »Im Hinspiel haben wir die Chancen nicht genutzt, und heute war es leider umgekehrt. Da kann man dann nichts machen.« – »Frau Maier, waren Sie mit der Leistung Ihrer Mannschaft zufrieden?« – »Na ja, wir haben hart trainiert, und das macht sich eben bezahlt, wenn auch ein Quentchen Glück dazu gehört, wie ich meinen Jungs immer sage: Jungs, sage ich, strengt euch an, dann schaffen wir es auch, ihr seid ja schon richtige Profis, hochmotiviert quasi, und wir haben ja auch hart trainiert, was sich auszahlen soll, obwohl es ohne dieses entscheidende Quentchen Glück...« – »Danke, Frau Maier. Wird jetzt ein bißchen gefeiert in der Kabine, Sie müssen ja morgen wieder früh raus in Ihren Frisiersalon?« – »Ein Bier kann nicht schaden, wenn man gewonnen hat, sage ich mal, obwohl dazu auch das entscheidende Quentchen Glück...« – »Danke, Frau Maier. Ich bin sicher, Ihre Familie erwartet Sie schon.« – »Ohje. Ohja! Wiedersehn!« – »Tschühüs!« – »Bis zum nächsten Mal, Mädels!«

Wie geht Doppelpaß?
Professor Esser, c/o Systemtheorie

Jürgen Roth

Nachdem man die Systemtheorie in den USA erfunden hatte und die flott aufs Rad gesprungenen bundesdeutschen Adepten des durch seine in den frühen siebziger Jahren mit Prof. Habermas ausgefochtenen Duelle weit über die Grenzen Westfalens hinaus bekannt gewordenen Niklas Luhmann aber schon bald auch nichts Pakkendes mehr zu tun hatten, weil von der »Liebe« (Luhmann) bis zur »Aufklärung« (Luhmann) rundweg alles behandelt und foliantengleichen Abhandlungen einverleibt worden und also einmal mehr guter Rat teuer war in einer der führenden Sparten aktuellster deutscher Soziologie, da machte sich noch zögernd, im Laufe der Zeit aber immer entschiedener zunächst der Spiritus rector selbst an die Klärung der Frage heran, wie es eigentlich um das Verhältnis von Soziologie und Fußball bestellt, genauer: wie denn nun im Grunde genommen der Fußballsport als System anzusehen und einzustufen sei. Luhmanns vorläufige Antwort während der 90er-WM via *FAZ*: »Sein System hat keinen Zweck, aber es ist bistabil, man kann gewinnen und verlieren.«

Als der Titel dann gewonnen war, nutzte Professor Hartmut Esser (Universität Mannheim) die landesweit ausgelassene und dem Fußballexpertenwesen deshalb gewogene Stimmung, um sich seinerseits noch einmal weitgehender und gleichfalls wie ausgelassen zu befragen, was den Doppelpaß »als soziales System« auszeichne und wie er infolgedessen funktioniere. Denn im Gei-

152

ste der Systemtheorie könne von einem Doppelpaßsystem ja nur dann die Rede sein, wenn jenes seine funktionalen Komplexitäten hinreichend reduziert habe gemäß des systemtheoretischen Anspruchs, Gegenstand (Fußball, Doppelpaß) und Untersuchungsmethode (systemtheoretische Fußballsoziologie) hätten gleichermaßen ausschließlich selbstreferentiell zu agieren und zu interagieren.

Schon kurz darauf geschah es, daß sich der Professor Esser über seinen im Auftrag der *Zeitschrift für Soziologie* (April 1991) verfaßten Aufsatz sehr nachhaltig für den »Doppelpaß als soziales System« verwendete, mit der präzisen Prämisse, daß »Doppelpässe weder sinnlos sein können, noch daß ihr Mißlingen möglich wäre«.

Voilà. Scharf auf klare und distinkte Gedanken ist zumal der gebildete Fußballfan angesichts noch immer »neuer Unübersichtlichkeit« (Habermas), wie sie allenthalben den Verstand bedrückt; nach schlagenden Evidenzen verlangen schließlich die am eigenen, wohl kaum bis zum erlösenden Ende durchdachten Dekonstruktivismus oder Neo- resp. Poststrukturalismus wie belämmert herumlaborierenden akademischen Nachwuchskräfte, und es ist leicht einzusehen, »Doppelpässe sind [...] auf sich selbst bezogene und sich selbst tragende Konstruktionen«.

Was heißt das aber jetzt eigentlich? Weil nur Systemtheorie die weltumspannende Verfinsterung der Sozialwissenschaften zu überwinden vermag, seit weder Dialektik noch die Aussicht auf ein vom Subjekt beherrschbares Leben noch Klassenkampfanalytik die Massen ergreifen, liegt auf der Hand: Kantische bzw. kantianische Erkenntnistheorie ist obsolet. Warum? Letztere begreift »als begriffliche Anstrengung, als selbstreferentielle und selbsttragende Architektonik von Leitdifferenzen und Vergleichsmöglichkeiten« den Fußball und seinen prozessualen Kernbereich, den Doppelpaß, leider nicht. Wer einen solchen Befund vollinhaltlich akzeptiert hat, findet sein Glück in der ungesehenen Schönheit eines Doppelpasses. Nur er ist, was nie mißlingen kann. Er »ist ein Prozeß, der – über alle kooperativen und antagonistischen Episoden hinweg – eben solange prozessiert, wie er prozessiert, dieses dann aber auch tatsächlich tut«.

Gewiß, es mag schon ein Wagnis sein, von Talcott Parsons herkommend den Doppelpaß als selbstprozedierendes, autoprozessierendes und autopoetisches Ganzes in den Griff bekommen zu wollen. Essers »Überlegungen gehen [jedoch] davon aus, daß es Doppelpässe gibt.« Und es gibt sie wirklich. Wer wollte es bezweifeln. Esser nicht. »Damit ein Doppelpaß existieren kann, muß es ihn erst einmal geben«, und »erst ein Doppelpaß ist – ganz radikal systemtheoretisch gedacht – ein Doppelpaß.«

Mögliche Einwände, ob Essers filigran gehäkelte Rede über den Doppelpaß denn in die ganze Systemtotalität des Fußballs vorstoße, bleiben ohne jeden Zweifel im großen und ganzen haltlos. Bombensichere Erkenntnis gewinnt nämlich nur, wer Ganzes und Teil in ihrer reziprok-innigen Gemeinschaftlichkeit anvisiert und dann »als prozessuale Oberfläche jener integrationistisch-holistischen Version eines Gesamt« versteht, dessen Sinn sich im kosmologischen Einbegreifen aller potentiellen doppelpaßspezifischen Aktionen erschließt. »Das Weltganze bzw. das Ganze der Menschheit (und im speziellen Fall: [...] das eingeübte Idealbild eines überaus gelungenen Doppelpasses)« hat selbstverständlich »als Ganzes (im Akteur auf dem Rasen) noch im verunglücktesten Ansatz präsent zu sein.«

Andererseits geht der Doppelpaß nie und nimmer in die Binsen. »Sinn hat Sinn und Doppelpaß ist Doppelpaß. Das bleibt.« Am Paradigmenwechsel vom Fußballmarxismus der siebziger Jahre zur systemtheoretischen Doppelpaßtheorie wird somit en bloc und détail die eigentliche Engstirnigkeit jeder »humanistischen Engführung des Sinnbegriffes« deutlich. Unvermeidlich mündet das »Theorem der Autokatalyse von Ordnung durch doppelte Kontingenz« im Zuge »quadrierter Kontingenz« zwischen »dem sozialen System Doppelpaß einerseits und den psychischen Systemen Burgsmüller und Bratseth [...] andererseits« in das allerentschiedenste und abschließend »deutlich verschärfte Unmöglichkeitstheorem«, was besagt: »Doppelpässe können weder sinnlos sein, noch können sie mißlingen.«

Wer so gesehen endlich kapiert, daß »ebensowenig wie Doppelpässe [...] auch systemtheoretische Analysen nicht mißlingen«, der dürfte im übrigen zu guter Letzt auch dahingehend treffsicher urteilen, Essers Elaborat sei schon gar zu behämmert und verhunzt, als daß es wenigstens noch als »Campussatire« (Eichborn) durchgehen könnte.

Wieder anders betrachtet und höchstwahrscheinlich hat der Professor mit seiner gewinnbringenden Doppelpaßneoscholastik das Fußballexpertentum endgültig derart auf den Hund gebracht, daß weitere theoretische Auslegungen fürderhin praktisch nicht mehr vonnöten sein sollten. Allein der linksalternative Fußballhermeneut zeigt sich so uneinsichtig wie unbeeindruckt. Betulich rackert er noch immer für den »wahren Fußball«, leistet »Überzeugungsarbeit« gegen »Versitzplatzung« und schreibt Bücher, in denen von der Dialektik bis zur Arbeiterbewegung aber auch nichts ausgespart bleibt. Nicht einmal dann, wenn man sie gar nicht erst liest.

»Im Dienste am kugeligen Flugobjekt«
Zum Charme der Bunten Ligen

Thomas Gsella

Über die »unverschämte Ausdehnung, die das Lesen in unser aller Leben eingenommen« habe, meckerte schon Walter Benjamin, und neuere Marktweisheit will's denn auch bescheidener: Eine größtmögliche Kongruenz von Lebens- und Leseerfahrung verspreche, heißt es, haltbare Freude an Büchern, an welchen auch immer.

Stimmt; die von Bernd Müllender und Jürgen Nendza herausgegebene Textsammlung »Gib mich die Kirsche, Deutschland! Bunte Ligen und Alternativfußball« (Essen 1992) las ich, nachdem ich 1994 in einer erweiterten *Titanic*-Elf gegen die Kasseler Bunte-Ligamannschaft Dynamo Windrad gespielt und ein sehr schönes Tor geschossen hatte (das 3:1); las ich um so lieber, weil mir die Existenz Bunter Ligen bis dahin unbekannt und ich nach jenem Spiel der Meinung war, diese Liga sei was Gutes: nicht von Deppen noch Steinbeißern, sondern guten zurechnungsfähigen Menschen unterhalten und bevölkert. Heute, nach Lektüre o.g. Buches, weiß ich einiges über diese Ligen, ihre Gründung im Zuge der studentisch grünen und Alternativbewegung der achtziger Jahre, ihren umfänglichen Spielbetrieb, ihre systematische Kritik an der unbedingten Leistungsorientierung des DFB- und Profifußballs, an dessen Idee einer »gesunden Härte«, der Geschlechtertrennung usw.

Rund fünfzig Selbstdarstellungen von Bunte-Ligamannschaften bilden den atmosphärischen Kern des Buches, und seltsamerweise leben sie ausnahmslos davon: vom dringlichen Bedürfnis der Autoren, den Leser zum Schmunzeln zu bringen. Mag sein, daß es nicht allzuviel zu sagen gab, die Herausgeber mithin zur ausgelassenen Diktion ermuntert haben und ein womöglich »etwas anderes« Büchlein hat entstehen sollen; »die Selbstdarstellungen«, schreiben aber Müllender und Nendza im Vorwort, wurden »allein in Verantwortung der Mannschaften verfaßt«. Wie also kommt's?

Das Geheimnis lüftet schon der erste Buchbeitrag: Es ist die praktische Existenz der Bunten Ligen selbst. In ihnen, ihrem Spiel, ihren Verkehrsformen »lebt der Witz, die Inspiration, das Transzendentale«, und nicht nur da: »Und der Ball patext mir am Fuß wie bei Garrincha. Soll ich erklären, warum? Ja? Na schön? Schuld hat ein Bäcker & Konditor in meiner Heimatstadt Heilbronn. [...] Auf der Rückseite lag die Backstube, darunter, als Vorbau in der Länge eines Automobils, die Garage. Deren große Tür aus braunem Holz – unser TOR. Herrliches Scheppern und Dröhnen, wenn das Leder aufschlug, zumal, nachdem Regen den Ball auf das mehrfache seines Gewichts hatte schwellen lassen. Der Meister süßer Leckereien indes teilte unsere Leidenschaft nicht. Er beliebte, überraschenderweise riesige Wassereimer auf uns herabzuschütten. Es galt also, nicht nur Gegner und Ball im Auge zu behalten, sondern auch das Fenster zur Backstube. [...] Nahezu blinde Ballführung lernte man dabei quasi automatisch.«

Eine Erfahrung, wie sie gewiß sehr viele Kinder kennen. Sehr wenige Kinder aber können, sobald sie groß und Journalisten sind, Sachen schreiben wie »am Fuß patexen«, »der Meister süßer Leckereien« oder davon, daß Regen den Ball nicht ein bißchen schwerer gemacht habe, sondern ihn »auf das Mehrfache seines Gewichts hat schwellen lassen«. Eben hierin liegt das Eigene, das Unerwartete, der Charme der Bunten Ligen: die Dinge völlig anders zu benennen, als es die meisten anderen tun. Es sind originelle Umschreibungen, die aufhorchen lassen, die um das Eigentliche mehrrundig herumnavigieren, und wenn es überhaupt Vorbilder gibt, dann sind es die Moderationen beim Hit-Radio oder den privaten action news.

Akkurat denselben Witz pflegen alle übrigen Texte des Buches, dieselben Sprach- und Wortspiele, dieselbe gewandte Koketterie mit der Tatsache, daß da von ihnen, also fraglos klugen Leuten, nämlich großteils unkonventionellen jungen Akademikern ein Sport betrieben wird, der gemeinhin als wenn nicht proletarisch, so doch als im Prinzip volkstümlich und simpel gilt. Es ist ein Humor ganz eigener Art und so spezifisch, daß man vermuten möchte, er sei einmal konstitutiv gewesen: Am Anfang war dieser Humor, danach die Bunten Ligen.

Wahrscheinlich ist das Unsinn und das Gegenteil der Fall. Bestimmt ist es nichts weiter als ein genuiner Ligawitz, der sich da entfaltet hat und weiterhin entfaltet, und bestimmt ist er zum Schreien. Polizisten oder Bullen heißen phantasievoll »grüne Staatsgewalt«, »grünberockte Staatsgewalt« oder auch »Herren des Abendgrauens«; deutsche Fußballspieler außerhalb der Bunten Ligen kriegen als »Teuto-Kicker« ihr Fett weg, als »herkömmliche Feierabend-Maradonas«, »Fußball-Normalos« oder als »Puristen unter den Schienbein-Traditionalisten«, nämlich »dauergewellte, zumeist schnurrbärtige Stereotypen – dem Trainer hörig und selbst dem Stadionsprecher an Witz und Grips haushoch unterlegen«, Menschen übrigens, die sich der »Lederzunft auf dem grünen Rasen« »rund um das runde Ei« als eines »Volksopiums« bedienen, während die alternativen »Platzhirsche des magischen Rechtecks«, wahlweise »Vereinigungen sportlicher Balltreter«, »elf Unverbesserliche« oder »Gruppe langhaariger Elemente« »einem Phönix gleich nicht aus der Asche, sondern auf selbige« steigen, dort »kunterbunten Ballgefühlen freien Lauf lassen« und sich mit »Konkurrenten um das runde Leder«, d.h. »Sparringspartnern« »auf dem grünen Rasen messen mit dem runden Balle anstelle des spitzen Dolches«.

Puh; man kann schnell gar nicht mehr. Wobei all diese explosive Sprach- und Witzgewalt zum Glück auch dann

158

nicht leidet, wenn man a) »Homokicker« ist, b) »vom zweiten Bildungswege abgebogen, um des Leders Rund über des Rasens Rechteck zu treiben, nicht ohne es dabei an der nötigen Anmut und Grazie fehlen zu lassen« oder c) seinen Ursprung hat im »Stoßwellenlabor der RWTH Aachen. Dort kam uns im Jahre 1985 die Idee, die Beschäftigung mit Ludwig Boltzmanns – daher das ›t‹ im Namen (Boltzmänner) – physikalischen Theorien zum Zwecke der physischen Therapie mit dem Ball regelmäßig zu unterbrechen (mens sana in corpore sano). Selbstverständlich kann auf der Asche, die die Welt bedeutet, der wissenschaftliche Forscherdrang nicht immer unterbunden werden. Das zeigten eindrucksvoll Joachims ›Dynamische Versuche zur Haftreibung‹, wenn er kurz vor der Eckfahne in extremer Schräglage mit Maximalgeschwindigkeit die Laufrichtung wechselte und dabei oftmals mit Stabilitätsproblemen zu kämpfen hatte«.

Kurzum: Linksgrünalternativ, das heißt im Fußball lustig. Wie unerträglich arm dagegen das Gelaber eines Möller oder L. Matthäus; wie subaltern und rechts. Der Aachener VEB Partisan Eifelstraße ist da von anderem Holz: Ohne Spielplatz zwar zunächst ein »Fußballvolk ohne Raum«, spielten sie später »oft ohne Rechtsaußen, denn Angriffe von rechts sind im linksradikalen Fußballgewerbe verpönt. Bei Freistößen hieß es: ›Die Mauer muß weg!‹« Andererseits werden »zu viele Spielzüge über links erdacht, so daß nichts Rechtes« herauskommt, und »1988 hatte Diplomökologe und Torwächter Toni Kirch auf dem Flug zur Gastspielreise nach Tunesien die Cockpitfenster mit dem Aufkleber ›Tempo 100 – den Wolken zuliebe‹ verziert«.

Denn Linksradikalität ist im Verein zwar schön, im Flieger allerdings am schönsten. Schon die verdutzten Mienen der Piloten sind nicht auszudenken; noch weniger die der Normalo-Aachener: »In verräucherten Kneipen sieht man bis heute erwachsene Männer, die meisten mit Hochschulabschluß, manche gar mit Doktortitel, beim Tauschen von Fußballbildern. Ja, sie schicken

Doktoren in den Sturm, wie Dr. Steinseifer, der Herzklappenbauer, der ›in einer spielkulturellen Endlosschleife dem Gegner die Bälle früh abjagt, um sie ihm dann wieder zuzuspielen‹, oder den Chirurgen Dr. med. Weeg, der ›beruflich wie sportlich die Fäden zieht‹.«

Gekonnt ist halt gekonnt. Es sind Wortspiele der durchaus oberen Mittelklasse, und wer's als schlichten ordinären Dünkeldreck versteht, als peer-group-Witze höherer Söhnchen, die auch beim Fußballspielen Freude daran haben, daß andere die Proleten sind, der mißversteht's. Der Sinn ist ungleich feiner und weiß, wie fein er ist. Der feinste, gelungenste und damit typischste Text des Buches stammt von einem lateinkundigen Mitglied der Bunten Liga Aachen, der 1992 an den Papst schrieb mit der Bitte, jene Liga in die päpstlichen Gebete aufzunehmen, da die Liga »wider die arg unchristlichen Entwicklungen in Sport und Fußball« aufstehe: »War da nicht der Papst Mitglied bei Schalke 04 geworden? Und durfte man Schalke 04 als Identifikationspunkt für notorisch unterbewertete Malocher und polnische Fremdarbeiter betrachten? Dann durfte man christlich wohlmeinend die Mitgliedschaft des Papstes bei Schalke 04 als ermutigendes Zeichen in die richtige Richtung auffassen.« Der Mann schrieb seinen Brief, und »im Gefühl des gelungenen Werkes ging es ab in den Urlaub und dann – weder Gutes noch Böses ahnend – wieder zurück zu meiner Arbeit, der telephonischen Sprachberatung. Doch welche Überraschung! Welch seltsame Nachfragen mogelten sich unter die Routine von fraglichen Kommas, Buchstaben und Satzstellungen!«

Also welche? Diese: Der Brief und die ihn betreffenden Presseberichte »erbosten einige unserer Zeitgenossen in derart blutdrucksteigender Weise, daß sie, meine Rückkehr aus kubanischen Urlaubsgefilden abwartend, meine Arbeitsstelle erforschten, um mir gehörig meine Ungehörigkeit vorzuhalten. Auch meldeten empörte Studienräte, die ein fatales Vorbild für ihre Pennäler fürchteten, Bedenken bezüglich einiger lateinischer Eigentümlichkeiten des Papstbriefes an, konnten dann aber, durch einige Quellenangaben von der Richtigkeit der fraglichen Stellen überzeugt, vergleichsweise leicht beruhigt werden. [...] Ach, des Scherzes Folgen sind gelegentlich überraschend mannigfaltig.«

Selten kommt es vor, daß ein Mann und ein Beruf sich finden, aber es kommt vor. Jedes Komma, jeder Buchstabe und jede Satzstellung zeugt von einem denkbar widerständigen Humor des Sprachberaters, seinem Wunsch, es von erbosten Studienräten oder aktuellen Vorgesetzten mit der Rute auf den nackten Arsch zu kriegen. Unweigerlich zu alt für die verlangte Abreibung, besitzt er aber doch genügend Mumm, wie eine Rotznase zu formulieren – ein ganzes wildes Arbeitsleben lang. Es wäre tragisch, wäre es nicht lustig. Falls das bekanntlich gleich linksradikale Kabarett nicht eh sich aus der Bunten Liga rekrutiert: Es sollte schleunigst damit anfangen.

Ein Buch zum Lachen also ist den Herausgebern gelungen, und zumal von Müllender lese ich gern alles Weitere. »Die erträgliche Schwerelosigkeit des einfachen Dabeiseins« heißt einer seiner Buchbeiträge, und wer fürchtete, alles Pulver sei mit diesem diffizilen Rundumbumms verschossen, der durfte kürzlich in die *taz* schauen und sich freuen: »Den Tod meistern in Deutschland« hieß ein erneut recht brüllender Müllender zum Thema »Krise der Beerdigungskultur«, und witziger wurde noch nie mit dem Gedanken gespielt, daß auch die Sitte der Beerdigung letztendlich mal »beerdigt« werden könnte – von einer Beerdigungskulturbeerdigungskultur im Stile ja eventuell dann einer Genozidkultur. Auch das ist originell, ist frech und amüsant und mag erklären, warum die *taz* sich eine Bunte-Ligamannschaft hält. Bleibt nur noch meine Frage, was zuerst da war: die Bunte Liga oder ihr Humor. Ich weiß es nicht. Mag sein, daß Studenten Verbindungen brauchen.

»Links hatte noch alles sich zu enträtseln«
Die Wunderwerke radikaler Fußballdiagnostik

Jürgen Roth

Der Ball sei diesem eine »Art Gesinnungsdetektor«, räumte Frieder Kern in *konkret* 5/93 ein, nachdem er Dietrich Schulze-Marmeling kennengelernt hatte, d.h. sein in erheblichen Uni-Kickerkreisen mittlerweile als Standardwerk gehandeltes Buch »Der gezähmte Fußball. Zur Geschichte eines subversiven Sports« (Göttingen 1992). Fußball aber heute? Nach Schulze-Marmeling bzw. Interpret Kern »lümmelt er im Angestelltenmilieu herum«, auf daß es ihm dort behaglich ergehe, denn jener inkriminierte »Schampus«, den Vereins-»Bonzen« reichen, um dem letzten Proleten hinterrücks ins Knie zu treten, kann das Übelste nicht sein.

Gleichwohl: Fußball ist irgendwie kaputt, ihm geht's schlecht, und Schulze-Marmelings Buch ist es auch. Kern riet ab: Manches »versteckte Foul« habe der Autor begangen, als er die Tatsache hitlergrüßender Schalker lieber nicht so genau nehmen wollte. Und den Parvenüs Beckenbauer, Breitner, Hoeneß, Overath werde en bloc der Titel »proletarischer Kicker« angedreht.

Ich habe trotzdem noch mal gelesen, kursorisch, ungerecht! Mit Gespür für *Stellen* und in *verletzender* Absicht. Begonnen habe ich auf Seite 7, aufgehört dann bei Kapitel 9 (»Fußball unter dem Hakenkreuz«). Dazwischen: *spielt* sich einiges *ab*. Ich fasse mich knapp.

Fußball, der »in einer Sackgasse« befindliche, »zuse-

162

hends kreativloser [?] und berechenbarer«, »dem kraftmeierischen Bumm-Bumm-Tennis als neuer deutscher Leitsportart immer ähnlicher« werdende seelenlose Kommerz- und Kapitalistenkrimskrams – es steht kurzum zu befürchten: »die zerstörerischen Kräfte sind auf dem Vormarsch«, »all dies droht dem Spiel die Seele auszureißen«, *»Der Fußball hat eine Seele. Sie ist schlaff und leblos, wenn keine Luft in ihr ist«* (Peter Handke) –; Fußball also kann praktisch auf ganz andere Ursprünge verweisen als Tennis. Denn man spielt ihn ja, seit Regeln in Kraft sind, nach denen es verboten ist, die Hände einzusetzen und dem Gegner vors Schienbein zu kloppen, mit den Füßen und, wenn gar nicht anders möglich, dem Kopf sowie ohne Racket.

Das heißt: Zunächst war Fußball »bürgerlich«. Dann wurde er proletarisch und gut. Warum? »Der Fußball erfreute sich unter Arbeitern jedoch nicht nur allergrößter Beliebtheit, weil er ihnen Bekanntes (physischen Einsatz) abforderte. Fußball ermöglichte auch die Entfesselung einer ansonsten vom politischen und ökonomischen System unterdrückten Kreativität und Intelligenz« bis hin zur »– last but not least – List.« So »wirkte [Fußball] als konstitutiver Faktor bei der Herausbildung einer Arbeiterkultur«, und während sich eine Arbeiterkultur herausbildete, wirkte hinterm dampfenden Stahlroß auch der Arbeiter weiter an seiner Arbeiterkultur, denn Fußball und Arbeiterkultur sind – ausgenommen Mehrwertabpressung, körperlicher Ruin, täglicher Stumpfsinn – im Grunde eins, das weiß jeder: »Wer [...] schon mal in einem Industriebetrieb gearbeitet hat und dort eine extrem monotone, entfremdete und erschöpfende Tätigkeit verrichten mußte, wird die paradox anmutende Erkenntnis bestätigen können, daß anstrengende körperliche Arbeit eine anstrengende körperliche Entspannung verlangen kann.«

Wer sich schon mal wie möglicherweise Schulze-Marmeling in einer wer weiß nahe Oer-Erkenschwick beheimateten *Geschichtswerkstatt* am Mythenbasteln und proletkultverdächtigen Altesockenstopfen versucht hat, muß auch wissen: Erst kommt das Fressen, dann aber jede Menge Moral, die, zähledrig wie der Stiefel, der da Abschnitt für Abschnitt zusammengebimst wird, kraft historischer Diagnostik (s. oben) wieder auf die zweifelsohne ungebrochene Überlegenheit der Arbeiterklasse vorzüglich in »geistiger« Hinsicht rückschließen läßt: »Das Fußballfeld wurde aber auch zur Bühne, auf der Jugendliche aus der Arbeiterschaft sich in ›geistiger‹ (genauer: spielerischer) Hinsicht frei entfalten konnten. Nicht von ungefähr sind es noch heute, wo die Arbeitersöhne unter den Fußballprofis bei weitem nicht mehr so verbreitet sind wie früher, oft Balltreter mit eher proletarischem Hintergrund, die durch Spielwitz (anstelle von Pomadigkeit) glänzen.«

Einschub: Ich möchte auch weit verbreiteter Arbeitersohn sein!

Nichts habe die Lohnarbeiterfamilie heute eher zu fürchten als den Sozialarbeiter, befand Adorno, nichts, halte ich dafür, der Fußballfreund mehr als den Fußballsoziologen und fußballernden Arbeiterklassenexperten, der statt Spieler halt partout immer »Balltreter« sagen muß, denn das macht er, der Fußballer, in der Tat: Er tritt gegen den Ball. Der Ball ist sein »Arbeitsgerät«. Ohne wäre er »arbeitslos«. Und kein Balltreter mehr: »Der Autor gelangt zu dieser gewagten These auch aus eigener Anschauung. Als er in den 60er Jahren die Volksschule einer Kleinstadt im Ruhrgebiet besuchte, waren die mit Abstand fähigsten Balltreter [...] diejenigen, deren Herkunft das Arbeitermilieu war.«

Hinaus will dieses ja nomen est fatales omen im Werkstatt-Verlag entwickelte Buch auf noch weit Dolleres, und dann fragt man sich schon: Stimmt das denn alles? Und für welche, entschieden höheren Aufgaben will er sich da noch empfehlen?

Es dürfte auf Arbeitsteilung hinauslaufen. Während H. Böttiger seinen 68-war-alles-im-Lot-und-die-Nation-obenauf-Brei unermüdlich am Köcheln hält, sehnt sich Schulze-Marmeling, wie schon das Vorwort verrät, nach »Stadionbesuche(n) mit anschließendem zünftigen Diskurs«, also nach immer rustikalerem Bücherschreiben, in dessen schlußendlichen Resultaten dann schon ordentlich zugelangt und aber – Pech! Schwefel! Panne! – das Fußballgucken via Stadion ganz verboten oder wenigstens schweren Sanktionen unterworfen wird: Wer sitzplatzt, ist verratzt, teilt uns sein 95er-Werkstatt-Opus »Fans und Fußball« mit, der darf nicht mitreden und ist ganz gewiß auch kein noch so subalterner Teil einer »Bewegung«, zu der man aus ersichtlichen Gründen sowieso weder gestern noch vorgestern hätte gehören wollen. »Wie soll man diese neue Bewegung«, diese zum Chor anschwellende Klage der qua Versitzplatzung gemarterten Kreatur »charakterisieren? Daß sie mit den ›Hools‹ nichts zu tun hat, versteht sich von selbst. Aber auch von einem großen Teil der ›Kutten‹ trennt sie so einiges, insbesondere in kultureller Hinsicht. Und mit den ›Normalos‹, die sich auf der Tribüne ihren Hintern plattsitzen, hat sie ohnehin nichts zu tun.« Wohingegen mit den ganz unnormalomäßig arbeiterkulturellen, ihr gründlich gewichstes Leninbärtchen trotzig in den bitterlichen Frostregen hängenden Sitzplatzblockierern und -verächtern ganz ganz viel. Die morgenrote Fahne immer strack hochgehalten.

Irgendwo auf den dreihundertdreißig Seiten des wie nix *gezähmten Fußballs* muß auch ein Halbsatz zu finden sein, in dem Schulze-Marmeling zu verstehen gibt, er habe »bereits erste Konsequenzen für seine Stadionbesuche« gezogen. Ob er nun samstags über Rübenäcker furcht oder im Talentsuchermilieu tätig geworden ist, man weiß es nicht. Dem DFB-Lager und der »Angestelltenfußball«-Müllkultur sowie entsprechenden Vorort-Anwesenheiten hat Marmelings Schulze jedenfalls den Rücken gekehrt und deshalb schon 1994 gleich noch eine allseits recht anerkennend rezensierte, im besonderen aber von der bürgerlichen Feindespresse ausreichend belobigte Fan-Fachmann-Fußball-Feierfibel über »Borussia Dortmund« vorgelegt. Tenor und Untertitel: »Der Ruhm, der Traum und das Geld«.

Über Faschismus wird's da vermutlich auch gehen; im

Sinne wieder wuchtigster Zeitdiagnostik und Geschichtskritik »war Krieg statt Kicken des deutschen Mannes Freizeitbeschäftigung«, denn »mehr und mehr Fußballspieler trugen nun Soldatenuniformen statt Sporttrikot, schossen nun mit Gewehrkugeln statt Lederbällen«. So was wußte, so weit sich's überschauen läßt, derart anschaulich und *groovy* und scharf faschismusverachtend bislang einzig Werkstatt- und Fanbuchreihen-Co-Autor Holger Jenrich (»Borussia Mönchengladbach. Tore, Tränen & Triumphe«) ins Bild zu bannen.

Werkstatt überhaupt! Da wird geplackert, man ist nicht faul. Im *aktuellen Sportstudio* überreichte der mit großer Sicherheit welt- und fußballhistorisch kaum allzu sattelfeste Michael Steinbrecher seinen Gästen den bis dato letzten und schwerlich ein weiteres Mal zu überbietenden Verlagswurf: Christoph Bausenweins Abschlußuntersuchung »Geheimnis Fußball. Auf den Spuren eines Phänomens« (Herbst 1995, 576 Seiten). Autor Bausenwein (Kapitelüberschriften u.a. »Anpfiff«, »Schlußpfiff«) läßt sich auf der Rückseite »prominenter Aktivist in der Friedensbewegung« nennen. Vorne drin, wo's Motti gibt, zitiert er aus der »Hymne auf Bum Kun Cha« von *Eckart* Henscheid – und folgt damit aufs eindringlichste W. Jens-Lehrstuhlnachfolger Prof. Gert Ueding, d.h. Gerd Ueting, der schon mal, genau weiß es der Autor halt nicht mehr, in Richtung *Ekad* Henscheid formuliert hatte; was kurz darauf hinwieder Diedrich Diederichsen zur äußerst gescheiten Mischform eines *Eckard* Henscheid veranlaßte.

Die andere Seite, der Klassenhalunke von nebenan, ist allerdings auch weder versierter noch äh: klüger. Im Literaturverzeichnis von Dirk Schümers (*FAZ*) »Gott ist rund« (Berlin 1996) taucht ein *Eckhardt* Henscheid auf. Während ich für eine Schreibweise plädiere, nach der es in Zukunft nur noch *Edzard* Henscheid zu heißen hat.

Genauer nehmen wir uns dieses im Grunde arg vielschichtig strukturierte Problem aber erst fürs nächste Mal vor. Bis dahin halten sich einfach mal alle dran.

Ein Mann für gewisse Stunden
Nichts gegen Walter Jens

Klaus Bittermann

»Walter Jens?« fragte mich ungläubig der Sportredakteur, den ich um einen Beitrag für das Buch gebeten hatte. »Aber doch nicht Walter Jens!« rief er aus, nachdem ich seine Frage kleinlaut bejaht hatte. »So merke dir denn die goldene Regel des Journalismus: Nichts gegen Frauen, Kinder, Hunde und Walter Jens!« Ich wälzte diesen apodiktischen Befund eine Zeitlang hin und her, und als ich ihn lange genug begrübelt hatte, kam ich zu dem Schluß: Walter Jens ist kein schlechter Mensch, und deshalb darf man sich auch nicht an ihm vergehen oder, wie es heute in den Zeiten der Cholera heißt, Mißbrauch mit ihm treiben.

Wer erinnert sich nicht an den Sitzstreik in Mutlangen oder daran, wie Walter Jens einen amerikanischen Deserteur bei sich versteckte. Sternstunden des zivilen Ungehorsams waren das, Sternstunden des citoyen, des Bürgers in seiner ganzen trotzigen Pracht, wie sie nur in Deutschland möglich sind. Manche meinen zwar, Mutlangen sei nur Werbung in eigener Sache gewesen, ich aber sage euch, Klappern gehört zum Geschäft, und wer an die damals in der Presse veröffentlichten Photos erinnert, auf denen Polizei und Demonstrant Ringelpitz mit Anfassen spielten, und an die neue Volksgemeinschaftsbewegung, den Jungbrunnen morscher Begriffe wie Nation und Vaterland, der kann nur Schlechtes im Schilde führen. Manchen ging zwar auch die Geschichte mit dem GI mächtig auf die Nerven, weil Walter Jens seine Heldentat überall herumposaunte, damit auch wirklich jeder mitbekam, wie ungehorsam, wie aufmüpfig und frech er wider den Stachel löckte, wie sehr Walter Jens durch sein unerschrockenes Auftreten zum Sinnbild des zu Unrecht in Vergessenheit geratenen tapferen kleinen Schneiderleins wurde, ich aber sage euch – und nicht nur ich, sondern auch Gräfin Dönhoff und Helmut Schmidt –, neue Männer braucht das Land, einen wie Walter Jens eben.

Walter Jens ist aber nicht nur ein unbestechlicher Streiter für die gute Sache überall im Lande, sondern auch ein Mann für gewisse Stunden. Denn wenn er nicht gerade der Obrigkeit oder Reich-Ranicki vors Schienbein tritt, dann huldigt er dem Fußball und schmiedet Oden auf das »überaus noble Spiel«. Das ist schön. Das ist erhebend. Ja, es ist irgendwie beruhigend, daß Walter Jens nicht nur zu Krieg und Frieden eine Meinung hat, nicht nur zu Hinz und Kunz und Katz und Maus, sondern auch Orientierungshilfe in der unübersichtlichen Welt des Fußballs anbietet. Walter Jens ist Rhetorikprofessor, und da ist es nur noch ein kleiner, aber richtungsweisender Schritt zum Fußballexperten, denn einer, der in Rhetorik promoviert hat, der ist zum Fußballexperten sozusagen prädestiniert. Nein, da kann nichts mehr schiefgehen.

Auch in diesem Fach – wie könnte es anders sein – ist Walter Jens zunächst und in erster Linie unkorrumpierbar, er ficht gegen die Großen und setzt sich für die Armen ein. Das ist seine unerschütterliche Prämisse, alles weitere ist vernachlässigbar, nebensächlich, sekundär usw., wenn nicht sogar höchst verwerflich, weshalb seine Haltung eine eindeutig kritische ist, und seine heftige Stimme ist überall dort zu vernehmen, wo Macht und Geld den guten alten Fußball korrumpieren. Nicht etwa mit der geballten Faust droht er, sondern den Zeigefinger schwenkt er wie einen Taktstock bei einer großen Orchesterprobe, wenn er denen da oben die Meinung geigt. Dabei hat er mächtige Verbündete in der Boulevardpresse, aber auch in fast allen seriösen großen

Wochenblättern, die alle dasselbe wollen wie er und dafür sorgen, daß seine Anklage nicht ungehört verhallt.

Ohne Angst vor großen Namen nimmt Walter Jens sich beispielsweise »Kaiser Franz« zur Brust: »Indem er virtuos und elegant, präzis und souverän die Bälle schlägt, wie's ihm gefällt, entlarvt er zugleich die hehren Begriffe ›für Deutschland kämpfen‹ oder ›einer für alle, alle für einen‹ als papierne Formen. Hier zeigt einer: [...] Ehre und Vaterland und Kameradschaft ist für mich papperlapapp.« Gut gegeben, möchte man ausrufen, auch wenn es schwerfällt, Beckenbauer eines solchen Sakrilegs zu verdächtigen. Der setzte sich zwar vehement zur Wehr, aber ist das laute und zeternde Abstreiten nicht ein untrügliches Zeichen dafür, daß die spitze Feder von Walter Jens mitten ins Herz traf? Irgendwann wird sich die Wahrheit über Beckenbauer nicht länger verheimlichen lassen, und dann werden wir ihn als Fußballrebellen loben und preisen und einen Mythos um ihn stricken. Walter Jens hat's gesagt.

Und schließlich verdanken wir Fußballfreunde Walter Jens folgenden schönen Tip an das Fernsehen: »Ach, das Schönste geht doch verloren beim Fernsehen: Das Pilgern und Trotten, Schubsen und Schieben von etlichen zehntausend Männern, ganz wenige Frauen dazwischen, das Umlagern der Stände, wo es Popcorn gibt, Cola und alkoholfreies Bier, Eis am Stiel und die Fähnchen für die Fans der letzten Minute, die Mitjubler und Mitsinger. Dann das Drängen bei den Kontrollen, wer über fünfzig ist (oder so aussieht), bleibt unbeklopft, während die junge Mannschaft sich friedlich-schiedlich die mitgebrachten Pullover und die Tüten abtasten läßt, in denen die Riesenshawls sind, die wollenen Girlanden des Sieges.« *Täglich ran* hat diesen Hinweis dankenswerterweise nicht als Spinnerei eines Unbeklopften abgetan, sondern auf seine Brauchbarkeit gründlich abgeklopft, weshalb man während einer Spielübertragung »wollene Girlanden des Sieges« zuhauf sieht, und auch das Schieben und Schubsen von etlichen zehntausend Männern wird dem Publikum am Bildschirm nicht mehr vorenthalten, ja, das Grölen und Klatschen ist seitdem en vogue, jener Jenssche »wilde Taumel«, der nunmehr live sogar im Studio simuliert wird, und das ganz ohne Cola und alkoholfreies Bier.

Einmal allerdings erlebte Walter Jens eine herbe Enttäuschung, und die kam so: In einem Gespräch zwischen den zwei großen noch lebenden Fußballphilosophen Walter Jens und Otto Rehhagel, welches vom *Stern* aufgezeichnet und der Nachwelt überliefert wurde, beschwor der *grand old man* des ideellen Gesamtfußballsachverstandes den von ihm hochverehrten Fußballehrer Otto Rehhagel, ihn doch anzurufen, bevor er Werder Bremen in Richtung Bayern München verlassen würde. Ist nicht Otto Rehhagel das Bollwerk »gegen die Mächtigen, gegen die Arroganten, die Reichen, die Bosse«? Ist Otto Rehhagel nicht der Garant für das »Sympathische« am Sport, für das »blitzartige Erwachen des Schwachen, der den Starken das Fürchten lehrt«? Aber der so umschmeichelte und als ein Mann »mit Ecken und Kanten« belobhudelte Trainer von Werder Bremen wollte nichts davon wissen, er wollte einfach nur »richtig Knete« verdienen, und von der »totalen Freiheit für den Menschen« hielt er weder im Training noch im richtigen Leben etwas. Aber als dann beide »ans Watt« gingen, um »die Seele ein bißchen baumeln« zu lassen, da wurde doch noch ein versöhnlich stimmender Tag daraus.

Respektlos fragte ihn einst ein Journalist, ob man sich Walter Jens als jemanden vorstellen dürfe, der vor dem Bildschirm sitzt, Chips in sich hineinstopft, Bier hinterherschüttet und beim Torjubel die Arme in die Höhe reißt. »Ich habe«, stellte Turnvater Jens richtig, »in meinem Leben vielleicht eine Flasche Bier getrunken.« Ein Mann, wie ihn sich Mutti wünscht, ein Mann, der bewiesen hat, daß man sich Fußball ansehen kann, auch ohne betrunken Frau, Kind und Hund zu verprügeln, kurz, ein Mann im Stande der Unschuld, und wie könnte man dem Böses wollen?

Wenn die langen Haare wehen
Der Fußballfeuilletonist Helmut Böttiger

Gerhard Henschel

Weltmeisterschaftsendspiel 1954. Helmut Rahn hat das
3:2 geschossen. »Männer, nur sechs Minuten noch!« ruft
Fritz Walter. »Jetzt darf nichts mehr passieren! Jeder
im Sturm nochmals mit verteidigen! Die paar Minuten
noch! Bis zum Umfallen!« Und die deutsche Mannschaft
brüllt kurz entschlossen zurück: »Bis zum Umfallen,
Fritz!«

So steht es in Fritz Walters Buch »3:2 – Die Spiele zur
Weltmeisterschaft«, geschrieben in einer Zeit, als der
Jargon noch mit Erdal und Waxa gepflegt wurde und die
Sportreporter jeden deutschen Treffer so weihevoll be-
raunten, als sei kein Tor, sondern El Alamein gefallen.
Doch der Geist von Spiez ist längst verflogen. Heute
wird in den entsprechenden Spielberichten und auf allen
Kanälen bis zum Umfallen geflachst und gewitzelt, ge-
hüpft und gesprungen, gekaspert und gelabert und der
Schnabel bis zum Anschlag aufgerissen.

Was an die Stelle des Kernigen und Braven von 1954
getreten ist, zeigen beispielhaft die Bücher, die Harry
Valérien und das Gruselgespann Rubenbauer und Rummenigge über die Weltmeisterschaft 1994 geschrieben
haben. Valériens Buch (»USA '94. Das Fußball-WM-
Buch«) besticht durch Hochglanzrecherchen: »Wenn es
einmal gerade nicht neblig ist, zeigt sich San Francisco
von seiner Sonnenseite – eine Beauty auf vielen Hügeln,
die auch auf ihre inneren Werte stolz ist, hat sie doch
mit Stanford und Berkeley zwei der renommiertesten

171

Universitäten«. Das Layout wirkt wie erbrochenes Popcorn, die Lektoren waren in äußerster Zeitnot (»Berti Vogt's Auswahl«), eingestreute Zitate von Marcel Reif heißen quälend humorig »Reif(e) Sprüche«, und Valérien (»Erfolg befreit, Erfolg öffnet Herzen und Köpfe«) möhrt sich in seinem restringierten Code nach Herzenslust aus: »Riesen-Einwurf von Stan Valckx (Niederlande), Riesen-Beifall bei Riesen-Hitze – am Ende Riesen-Enttäuschung nach dem 0:1 gegen Belgien.« Am Ende wurde Brasilien Weltmeister, »nach vierundzwanzig dürstenden Jahren« (Valérien).

Rubenbauer und Rummenigge (»Fußball WM '94 USA«) hatte ihr Verlag Mosaik/Südwest ein aufwendig konstruiertes Profiteam zur Seite gestellt. Das Impressum führt »Projektleitung«, »Konzeption«, »Konzeptionelle Gestaltung«, »Art Direction« und sogar eine ominöse »Vorstufenproduktion« auf. Die rumänischen Spieler, das haben Rubenbauer und Rummenigge ermittelt, kamen »aus Graf Draculas untergegangenem Reich« und hießen deshalb »Draculas Söhne«. Den kümmerlichen Textteil (»Der gute Eindruck zerstob«) umrahmen brummend dumme Fotos von Lalas' Ziegenbart, Martin Dahlin wird als »Everybodies Dahlin'« bezeichnet, und die Autoren brillieren mit »aktuellen Analysen« (»Erstens kommt es anders, und zweitens als man denkt«) und »Hintergrund-Informationen« (»Typisch für die deutsche Mannschaft: Wenn der Kopf in der Schlinge steckt und unten einer den Stuhl wegzuziehen droht, startet sie ihre erfolgreichsten Angriffe«).

Schön ist das nicht; schöner ist immer noch Fritz Walters verstaubter O-Ton, und am schönsten ist die Erinnerung an Gerd Müllers Autobiographie von 1967 (»Tore entscheiden«), in der es hieß: »Marmorkuchen, den ich sehr gern esse, bäckt meine Frau, sooft ich Appetit darauf habe.« Im Zweifelsfall besitzt der Marmorkuchensound von einst doch erheblich mehr Würde, Charme und Schönheit als das top-aktuelle Geschnatter derer, die immer und überall mit der Zeit gehen, weil sie es mit sich alleine nicht aushalten können.

Daß sich über Fußball aber auch ganz anders schreiben läßt, weder naiv noch zwanghaft neckisch, sondern einfach liebevoll, klug und kenntnisreich, hat der Journalist Helmut Böttiger seit 1987 immer wieder demonstriert. 1993 erschien sein Buch »Kein Mann, kein Schuß, kein Tor. Das Drama des deutschen Fußballs«, und 1994 folgte die Biographie »Günter Netzer – Manager und Rebell«. Gelobt worden ist Böttiger stark: »Helmut Böttiger schrieb kürzlich den lesenswertesten Beitrag, der mir jemals in Sachen ›deutscher Fußball‹ unter die Augen gekommen ist«, teilte Dietrich Schulze-Marmeling in der *Sportkritik* mit, und Fritz Rudolf Fries jubelte im *Neuen Deutschland*: »Böttiger kann über Fußball so schreiben wie Goethe über die Kanonade von Valmy!« Doch das Lob steht auf einem anderen Blatt; jetzt wird genörgelt.

Günter Netzer ist Böttigers Idol, und die Zeit, die er verherrlicht und am liebsten besingt, sind die frühen siebziger Jahre, in denen Netzer die deutsche Nationalmannschaft zur Europameisterschaft führte und schließlich herzzerreißend glanzlos abtrat, ohne Weltmeister geworden zu sein. Dem genialen Spieler und schönen Verlierer gilt Böttigers Liebe, und das ist natürlich eine sympathischere Spielauffassung als die von Rolf Töpperwien, der immerzu die siegreichen Nutellagesichter interviewen muß. Aber Böttigers Manierismen, sein an Adorno und Wolfram Schütte geschulter Stil, der immer wieder hervorgekehrte Spielkulturpessimismus und die kleinmädchenhafte Schwärmerei, wenn es um Günter Netzer geht, stoßen einem auf Dauer sauer auf: »Die weiten Pässe Günter Netzers atmeten den Geist der Utopie, plötzlich befand man sich im Offenen, und die langen Haare des Regisseurs mit Schuhgröße 47 – diese langen Haare, die im Mittelfeld wehten und beim Antritt die ganze Brisk- und Schuppen- und Façonschnittästhetik der fünfziger Jahre vergessen ließen – diese langen Haare wollten mehr.«

Mehr was? Mehr wachsen? Oder mehr Guhl? Eines Tages begannen die Pässe zu atmen, die Haare wollten mehr, man befand sich im Offenen, und es ward Licht: »Der Horizont lichtete sich. Ab und an gewährte man sich Lockerungsübungen, manchmal verkniff sich der Deutsche das allzu Verbissene.« Noch besser wäre die Formulierung gewesen: Manchmal verkniff sich der Deutsche das allzu Verkniffene. Oder er verbiß sich das allzu Verkniffene. Oder das Verkniffen-Verbissene. Wenn der Redaktionsschluß naht, duften die Stilblüten. »Das Mittelfeldgespann Haller-Beckenbauer war die herausragende Neuerung bei der WM 1966, beim ersten Vorrundenspiel gegen die Schweiz wirkte es wie eine Revolution. Die alten Zöpfe waren abgeschnitten, wie das Wahlkampfmotto der sich nunmehr linksliberal gebärdenden FDP des Walter Scheel lautete, plötzlich herrschte Durchzug.« Vorher hatten die alten Zöpfe noch unabgeschnitten im Windfang gehangen. Jetzt aber war »etwas in Fluß geraten in Deutschland«, die Pässe waren erfolgreich bei der Atemtherapie gewesen, und seit die alten Zöpfe abgeschnitten waren, wehten die langen Haare im Mittelfeld. Das verstehe, wer will.

Man ahnt, was Böttiger meint, aber was er schreibt, wenn die Spiellaune mit ihm durchgeht, ist Stuß. Als der SC Freiburg gerade zur Lieblingsmannschaft aller Fans wurde, deren Herz für keinen bestimmten Verein schlägt, war auch Böttiger zur Stelle und fabrizierte ein reifes Feuilleton: »Sollte in Freiburg das Antizyklische seine Heimstatt finden? Weitab von der deutschen Befindlichkeit, im windgeschützten, abgeschirmten Dreyeckland, wird an einer sensiblen Gemeinsamkeit zwischen dem Geist und den gemeinen Spielen des Volkes gearbeitet.« In einer Bildunterschrift hieß es außerdem: »In Freiburg treten die Landschaften der Psyche offener zutage als anderswo, hier reagieren die Nerven empfindlicher auf alle Hochs und Tiefs. Wenn hier Fußball gespielt wird, ist der Analytiker gleich mit dabei.«

Braucht das Antizyklische eine Heimstatt? Muß es Miete zahlen? Bringt es dafür auch den Müll nach unten? Kann Gemeinsamkeit sensibel sein? Und ist »weitab von der Befindlichkeit« tatsächlich eine brauchbare

174

Ortsangabe? Dem Feuilletonisten Böttiger scheint es egal zu sein. Oft kann man nur raten, was ihm wohl beim Schreiben dunkel schwante. »Mit Borussia Dortmund war dem Wirtschaftswunder endgültig die Absolution erteilt worden«, erklärt er, aber was soll das heißen? War das Wirtschaftswunder schuldbeladen? Mußte ihm Borussia Dortmund wirklich die »Absolution« erteilen? Und worin soll deren Endgültigkeit bestanden haben? Möglicherweise meint Böttiger, daß Borussia Dortmunds Europapokalsieg 1966 die wirtschaftswundertätigen Deutschen erfreute. In einem solchen Satz wäre allerdings der Sinn nicht tief und der Ton nicht hoch genug.

Denn was Böttiger mitzuteilen hat, ist ernst, und jeder ernsten Rede Sinn hat tief zu sein: »Die Weltmeisterschaften 1982 und 1986 signalisieren den Wertewandel – am Schluchsee und im Schwarzwald wie auch im Lagerkoller des WM-Quartiers von Mansion Galindo zeigte sich die Dekadenz, die den deutschen Fußball nunmehr prägte; was danach kam, mit der eigenartigen Weltmeisterschaft 1990 als Pegelausschlag dazwischen, sind nur noch Spiegelfechtereien, Rückzugsgefechte.« Alles ist eitel, die Wohlstandsjünglinge von heute taugen nichts, und seit Günter Netzer nicht mehr aktiv ist, geht es mit der Fußballwelt sowieso bergab. Nicht einmal den WM-Sieg von 1974 läßt Böttiger gelten: »Aber es war ein Pyrrhussieg. Denn das richtungsweisende Spiel war gar nicht das Endspiel, das durch einen herausgeschundenen Elfmeter und durch einen Abstauber Gerd Müllers nur noch die Ideenlosigkeit anprangerte.« Natürlich kann ein Endspiel nichts anprangern, und weshalb Gerd Müllers schönes Tor ein »Abstauber« und obendrein ideenlos gewesen sein soll, kann auch Böttiger nicht erklären, er behauptet es nur – weil es ihm so gefällt und weil es die dröge These stützt, daß früher alles besser war. In anderem Zusammenhang, wenn es gilt, den heute aktiven Spielern übel nachzureden, ist plötzlich auch Gerd Müller wieder zu etwas gut: »Die Spieler können mittlerweile glatte Wörter bilden, die die vorgeprägten Muster in den Agenturen wiederholen, Subjekt-Prädikat-Objekt, ohne Inhalt. Jeder unvollendete Satz, den ein Gerd Müller aufriß, ist dagegen ein literarisches Kabinettstückchen.«

Als gestandener Spielkulturpessimist kann Böttiger aber auch noch einen ganz anderen Ton anschlagen: »Die Bremer, durch ihr sozialdemokratisch determiniertes Versagen in der Sekunde der Wahrheit, durch den verschossenen Elfmeter, bereits preisgegeben, fuhren nach Stuttgart als Geschlagene. Ein Unentschieden hätte ihnen genügt, aber sie bäumten sich gar nicht erst auf. Bieder fügten sie sich ins Unvermeidliche. So hatte man schon 1914 den Kriegskrediten zugestimmt, so hatte man sich 1933 dem Ermächtigungsgesetz gefügt.«

Meint er das ernst? Ja, er meint das ernst; wie er ja auch allen Ernstes »Rudi Dutschke und Günter Netzer auf der Straße der Liebenden« erspäht hat und vor keiner prätentiösen Formulierung zurückschreckt: »Die Magie der Gladbacher rührt nicht vom Erfolg, vom Glanz der Siegertypen, sondern vom Scheitern. Die Gladbacher Ästhetik ist eine Ästhetik des Scheiterns, etwas, was es in Deutschland nicht geben darf. In diesem Scheitern liegen Utopien, die unaussprechbar sind und einen magischen Sog ausüben.«

Gerade von dem, was er unaussprechbar nennt, spricht Böttiger unablässig mit dem größten Pathos. Und Rudi Dutschke ist nicht der einzige, mit dem er Netzer vergleicht: »Er genießt das Entspannte, das Südliche. Das teilt er mit einem anderen Deutschen, der zwei Jahrhunderte vor ihm gelebt hat, der aber nie wirklich an diesem Gestade ankam – Friedrich Schiller...«

Ein Riesen-Satz von Helmut Böttiger (Deutschland), Riesen-Beifall bei Riesen-Hitze – am Ende Riesen-Enttäuschung. Denn über neunzig Minuten ist der alte Marmorkuchensound dem Kitsch des Fußballfeuilletonisten hörspieltechnisch alles in allem leider immer noch überlegen.

Dichter unter Dichtern
F.C. Delius und anverwandte Geister

Jürgen Roth

*Einsam spazierte ich auf den weißen Punkt,
rings um mich Sahara.*

Uli Hoeneß

Unter den Dichtern, die es nicht lassen konnten noch
können, den Fußball zu bedichten, dürfte Friedrich
Christian (F.C.) Delius einer der in jüngster Zeit ekla-
tantesten Fälle sein. Auch wenn er, der F.C. Delius, sie,
die dichterischen Mittel, dem Anschein nach schon seit
längerem nicht mehr beieinander hat, reüssierte er, der
erste echte Shootingstar des Hauses Rotbuch, zur Überraschung des hiesigen Kulturbetriebes und nachdem ihn
schon mancher abgeschrieben hatte, einmal mehr – im
Frühling 1994 nämlich mit einem folgenschweren Buch.
Hatte der früh gescheiterte Romancier Walter Jens
seine Zuständigkeit als literarisch versierter Fußball-
experte noch durch den Hinweis auf die eigene Mitgliedschaft beim TV Eimsbüttel unter Beweis gestellt, Heinrich Böll seine Stimme in außerordentlich ungehobelter
Manier gegen den 1. FC Köln erhoben, Wolfgang Koep-
pen eine geradezu historisch anmutende Auseinander-
setzung zwischen wiederum Bölls 1. FC und den vom
Literaturwissenschaftler Jörg Drews besungenen Kai-
serslauterern ersonnen, Albert Camus dem Torwart und
seinen Fertigkeiten gewaltige Elogen dargebracht,
Jean-Paul Sartre an prominenter Stelle seiner »Kritik
der dialektischen Vernunft« für den Mann zwischen dem

Gestänge dialektisch versierte Erkenntnisse parat gehalten; hatten sich Ringelnatz, Horváth und Kracauer übers Gebolze echauffiert, erstaunt gezeigt und lustig gemacht, Klopstock, Sophokles und Joseph Conrad aber weitestgehend den Rand gehalten; und hatte Ror Wolf alles richtig gemacht, so fand der RAF-Dichter und -Richter F.C. Delius zunächst lange Jahre, lange Zeit nicht die passenden Worte – bis freilich also der Rowohlt Verlag ihm, dem »schweren Bescheidwisser« (Wiglaf Droste), einen Fußballroman in Auftrag gab und er, der Glückliche, den alternden Poeten Gerhard Zwerenz im Regen stehen ließ, weil er nun mit »Der Sonntag, an dem ich Weltmeister wurde« einmal mehr die Nase vorne hatte als Verfasser jenes nicht eben umfangreichen, aber immerhin in seinem Sinne epochemachenden »großen Fußballromans«, den hinwieder Zwerenz ankündigt, seit er das Laufen gelernt hat.

»Das Bild vor sich hinmuffelnder Füße steigt von Delius' Prosa auf«, befand Droste anläßlich der Romane »Ein Held der inneren Sicherheit« und »Mogadischu Fensterplatz«, mit denen Delius abzugreifen suchte, was der »Deutsche Herbst« literaturbetrieblich hergegeben hatte. Früher, in den anfänglichen siebziger Jahren, war, wie so oft, alles besser, und die kürzlich erschienene Neuausgabe von »Unsere Siemens-Welt« präsentiert einen fidelen, ja keineswegs politromanverdächtigen Delius, sondern vielmehr den zu Unrecht vergessenen Satiriker und Humoristen, dem etwas gelungen war, was in der jüngeren deutschsprachigen Literatur wenn nicht undenkbar schien, dann doch auf keinem Plansoll stand. Die fingierte Festschrift, eine Mischform aus Dokumentation, Faktenarrangement und Spekulation über die weltweiten Sauereien des Großkonzerns, geriet in wesentlichen Teilen zur Industrie- und Personensaga, die mit komischen Miniaturen arbeitet und dort, wo sie sich der Vorstandsherren en détail annimmt, vielleicht sogar untergründig stilbildend gewesen ist. »Um uns seine Schaffenskraft noch lange zu erhalten, hat sich Peter von Siemens entschlossen, auf die gewöhnliche, von Chemikalien durchsetzte Nahrung zu verzichten und eine eigene Farm einzurichten, deren Produkte er noch biologisch düngen läßt. [...] Auch Peter von Siemens entspannt sich, wie so viele Siemens-Männer, bei klassischer Musik. Die schwierigsten Partituren regen ihn ebenso an wie die schwierigsten sozialen Konflikte.«

Delius aber sah sich unter nun veränderten Umständen gezwungen, via aktuelles Nachwort darzulegen, warum er schließlich die Satire als »eine zu enge Form für mich« einstufen und der »größeren, anspruchsvolleren Form« zu Leibe rücken mußte – um dann zu verkünden: »Warum gerade ich mich mit den Mächtigen der Wirtschaft, Politik, Ideologie und Sprache anlegen mußte, wird erst in der autobiographischen Erzählung ›Der Sonntag, an dem ich Weltmeister wurde‹ (1994) angedeutet. Wer die ›Siemens-Welt‹ wirklich verstehen will, wird um dieses kleine Schlüsselwerk nicht herumkommen.« Also gut.

»Als ich zur Schule ging, war alles ganz einfach«, sprach einst W. Jens, Delius aber hatte große Mühsal zu erdulden, wuchs er doch in einem oberhessisch-katholischen Landkreis nahe Bad Hersfeld auf, wo der Vater als Pfarrer agierte und die Kirchenglocken ihr Übriges taten: »die Glocken schlugen mich wach, zerhackten die Traumbilder, prügelten auf beide Trommelfelle, hämmerten durch den Kopf und droschen den Körper, der sich wehrlos zur Wand drehte.« So was ist bedauerlich und schmerzhaft, und nicht minder qualvoll müssen die Speisungs- und Gottesdienstrituale im Hause Delius gewesen sein. Denn umringt von Devotionalien, einem gebietenden Vater und einer milde unerbittlichen Mutter schmeckte nicht mal mehr das graue Sonntagsbrot. Normalerweise rennt man unter solchen Umständen davon. Delius ist aber erst elf und fragt sich deshalb: »Wo bin ich? Ich bin da, wo die Mitte ist.« Drei Seiten vorher: »Ich war ein Fisch und schon gefangen, als ich merkte, daß ich ein Fisch war: der Angelhaken im Mund zwischen Zunge und Gaumen«, und deshalb stottert der Knabe Delius, folglich bleibt auch die Ich-Konsistenz labil: »so ähnlich dachte ich, ohne es zu merken und ohne Sprache, weil es der Gedanke einer Sekunde war, verflogen wie die Glockentöne einer Minute, die längst von neuen Glockentönen überlagert, zugedeckt, zerschmettert waren.«

Wir befinden uns in der Mitte des Buches, und glaubt man dem Klappentext, ist das hier ja gar kein Fußballroman, sondern in nuce vor allem der »Kern einer kleinen Parabel über das Janusgesicht der Sprache« und wahrscheinlich auch sogenannte »beschädigte Identität«. Eigentlich wäre mal eine Geschichte des Klappentextes zu schreiben, denn hinter diesen zusammengekloppten Summaries steckt gemeinhin nicht die PR-Abteilung, sondern der Autor selbst. Anders gefragt: Kann ein Tag »berühmt« sein?

Von »einem der berühmtesten Tage der deutschen Nachkriegsgeschichte«, »dem Tag, an dem eine besiegte Nation neues Selbstbewußtsein erlangt«, handelt Delius' Leidenserzählung, und freilich nimmt dem jungen Stotterer die reichlich weitläufigen inneren Monologe über Kalten Krieg und Ideologie, Kirche, Gott und Pipapo und Vaterland eh niemand ab, obgleich: Die Frage, die sich Delius gemeinsam mit Herbert Zimmermann am Nachmittag des 4. Juli 1954 zuletzt stellen mußte, sie lautete: »Sind die Ungarn zu stoppen?«

Waren sie dann. Nachdem zunächst in eisern bewährter Analogie die Kuckucksuhr als »aggressiver Schiedsrichter der Minuten« noch ein paarmal ihren Dienst versehen hatte, fand der Knabe Delius schließlich seinen Anschluß an die Welt, ans Wir, »da sagte ein Erwachsener in wenigen Worten endlich alles, was ich fühlte und nicht fassen konnte, ich sog die Stimme ein, ließ mich von ihr führen, heben und abwärts schaukeln. [...] Das Wunder war da, es gab eine direkte Verbindung zum Spielfeld in Bern.«

Sein neuer Prediger und Gott wurde Herbert Zimmermann; was der zelebrierte, war »eine neue Form der Anbetung, ein lästerlicher, unerhörter Gottesdienst«, und die Befreiung aus »Vaterkäfig« und Mutterhaltung

180

gelang als erhebender Tausch der Über-Ichs: »hier regierte [...] ein Team mit [...] einem ganz anderen Kapitän als mein Großvater im U-Boot«, sogar »die Kreuze an der Wand schrumpften«, »während die Takte der Hymnen in mir weiterschlugen«, ach Gott, »was ich hörte, wärmte mich, anders als die Vaterstimme, von innen, es schien mir, als sei alles, was mich blockierte, gelockert, als dürfe ich hier endlich so fühlen, wie ich mich wohl fühlte, trotz der wachsamen Nähe all der dicken schwarzen Bücher und der Pfarreraktentasche.«

Für den Aufruf der Nation muß da eine vorgeblich autobiographisch verbürgte Jugend herhalten, an der alles literarisch verhauene Konstruktion und alles, noch im Moment der Abwehr, feierliche Deutschstunde ist. Die Emanzipation von ländlichen Borniertheiten und Autoritäten führt in dieser speziell neudeutschen Moderne wahrscheinlich unweigerlich zur nationalen Zustimmung, und wäre Delius nicht auf neoromantische Juvenilmotivik verfallen, wer weiß, vielleicht hätte Ullstein zugegriffen. »So leicht fühlte ich mich nie, und unter dem pulsierenden Siegesgefühl lag eine tiefe, verzweifelte Ahnung, was es heißen könnte, befreit zu sein von der Teilung der Welt in Gut und Böse, befreit von der Besatzungsmacht, dem unersättlichen Gott, und vielleicht auch die Ahnung von der begrenzten Dauer dieses Glücks, einmal ungebremst *Ja!* sagen zu können. [...] Bern war in mir«, Bern war unser.

Im Prinzip hätte sich Deutschlandlehrer Delius schon mit seiner entfernt um Fußball kreisenden Erzählung »Die Birnen von Ribbeck« (1991) begnügen sollen, aber es war 1994 das Jahr der Weltmeisterschaft, und der SC Freiburg befand sich auf einem ungeheuerlichen Vormarsch an die Tabellenspitze, so daß auch Walter Jens-Filius Tilman nicht mehr länger zurückstecken mochte. Für den ARD-*Kulturreport aus Baden-Baden* am 23. April fertigte der versierte Kenner einen Beitrag über das Geheimnis der Freiburger »Erfolgsserie« an, und es glich einem wahrhaft erhabenen, närrischen Vorgang, was sich da abspielte, nämlich folgendes:

Jens befindet, der SC avanciere zum Titelaspiranten, weil er mit Volker Finke einen Trainer in seinen Reihen habe, der eigenhändig Zigaretten dreht, selten zum Friseur geht und Bücher liest, während Finke im Buchladen vor Ort einer Delius-Lesung (»Der Sonntag [...])« beiwohnt und Durchblicker Delius selbst aber ganz entschieden mitten im leeren Dreisamstadion herumsteht und rezitiert, daß es seine Art hat. Mit dem Fußball und der Literatur verhält es sich demnach so: Wenn Tilman Jens, seines Zeichens Abkömmling des W. Jens (Tübingen, früher Eimsbüttel), für den Baden-Badener *Kulturreport* ein Feature über die »Breisgaubrasilianer« (Helmut Böttiger) produziert, das den mit Literatur (F.C. Delius) infizierten Trainer des SC Freiburg (V. Finke) in die intime Nähe des geistesverwandten fußballsachverständigen Dichters F.C. Delius rückt und beide dioskurisch zum Zweigestirn der Fußballweltliteratur eint, dann hat am Ende immer jener recht, der Jens heißt oder Bücher schreibt, die Jens für vortrefflich erachtet, und Sätze sagt, die jetzt aber auch endlich uns alten Deppen erklären, warum eigentlich ausgerechnet der SC Freiburg gefälligst Meister hat werden sollen oder hätte werden sollen; im Gegensatz nämlich zu den Bayern aus München, für deren zukünftigen Chefcoach Prophet Delius die Erkenntnis parat hielt: »Wenn Otto Rehhagel weiter Hölderlin liest, dann wird er in München scheitern.« M.a.W.: »Literatur macht den Kopf weiter offen.« (F.C. Delius)

Der Fußballsachverständige Michael Quasthoff stufte diesen aberwitzigen TV-Event allerdings zu Recht als »den Gipfel an fußballbewegter Blödigkeit« ein.

Im Grunde ähnlich doll wie beim nationalen Fußballpoeten F.C. Delius geht es auch im Mittelklassebereich der bundesdeutschen Fußball-Literatur zu, und noch einen Sparren gewichtigere Spezialisten präsentierte infolgedessen ein 1982 zum Druck beförderter Sammelband, für den als Mitherausgeber auch der in seiner Frühphase irrtümlich als »links« eingestufte P. Breitner verantwortlich zeichnete (»Einer, von dem es hieß, er sei

Maoist, Kommunist, sollte zu Real in den königlichen Club kommen? Das wäre ja ein dicker Hund!«, P. Breitner). »Kopf-Ball« (ohne Wichtigwichtig-Bindestrich geht zweifelsfrei gar nichts) ennyuiert nicht erst heute etwa durch das entschlossen fade Geschreibsel der Elke Heidenreich, sondern fächert gleichsam apokalyptisch eine Vielzahl jener Möglichkeiten auf, mit denen sich Fußball per narrativen Schlenkern, quälenden Analogien und kunstgewerblichem Singsang zum Gegenstand halbseiden intellektueller, im Regelfall wieder mal »linker« Begeisterung herablabern läßt. »Jedenfalls galt er der Linken als Inbegriff kritischen Geistes / mitten im Hort kapitalintensivster Vereinsmeiereien. / Paul ging nach Spanien, Peseten zu sammeln statt D-Mark, enttäuschte / Hoffnungen idealistischer Kreise«, flötet, formalästhetisch zwischen Maiwald, Homer und Wecker angesiedelt, ein Jürgen Woldt sein »Heldenepos (subjektiv)«, und Wolfgang (»Inhaber eines Instituts für Konfliktforschung und Krisenberatung«) Salewski hält eher essayistisch dafür: »Auch Fußballspieler sind Menschen – eine Tatsache, die so manchem Zeitgenossen gar nicht mehr bewußt zu sein scheint.«

Bei vollem Bewußtsein verspricht in selbigem Machwerk andererseits Orgelkönig Hanns Dieter Hüsch, er höchstselbst werde im Falle des WM-Titelgewinns »zwei Trakl-Abende« anberaumen und bestreiten, während in berüchtigter uneigentlicher Rede der »Kabarettist, Autor, Schauspieler, Journalist, Texter und Sänger (und vieles mehr)« (W. Schneyder) Werner Schneyder als selbsternannter Fachmann für »tief im nationalen Unterbewußtsein verankert[en]« Käse namentlich im Bereich von »Fußball-Tiefenpsychologie« wie folgt brilliert: »Nehmen wir an, ein österreichischer Stürmer erzielt kurz vor Schluß ein Siegtor, nachdem bis dahin hundert hohe Flanken in den Strafraum Beute der gegnerischen Abwehr geworden waren. Dann freut sich der Österreicher wie ein Kind, trotz der ›eklatanten Unterlegenheit im Kopfballspiel‹, die gegnerischen ›Abwehrriesen‹, die ›sprunggewaltigen‹ doch noch überlistet zu haben. Die

Deutschen hätten schon lange vor diesem Siegtor begonnen, eine parlamentarische Anfrage vorzubereiten, ob es denn mit den Zielen des deutschen Spitzensports vereinbar sei, Kopfballduelle in internationalen Begegnungen in derartigem Ausmaße nicht gewinnen zu können. Es gibt in Fußballmannschaften einen Mann, der wie kein zweiter die Möglichkeiten hat, fußballvölkische Weltanschauung zu verkörpern: den Tormann.«

So geht es fort und fort – bis endlich der lyrisch noch immer nicht auffällig gewordene Finanzfachmann und mehrfache Beinahe-Schalke 04-Präsident J. W. Möllemann dem Gezeter an gleicher Stelle sachlich-fachlich in die Parade rauscht. »Etwas [Ablösegelder] halte ich im Fußballgeschäft allerdings in der Tat für äußerst bedenklich. [...] Wo ist da die freie Wahl des Arbeitsplatzes, die unser Grundgesetz vorsieht? Ist das nicht etwa Sklavenhandel, wie ihn Paul Breitner schon vor Jahren an den Pranger stellte? [...] Hohe Gehälter sind noch lange kein Freibrief dafür, daß man einen Spieler wie eine Ware hin und her schieben, verschachern oder mit ihm spekulieren darf. Wie ist das eigentlich mit dem Grundgesetz zu vereinbaren?« gibt er zu bedenken, und weitsichtig fügt der später wegen ministerieller Geheim-Intervention hinsichtlich eines dem Bruder zuzuschusternden Monopols für Einkaufswagenchips ins Gerede gekommene »FDP-Mittelfeldmotor« halt schon 1982 auf der Höhe seiner zwischenzeitlichen Macht hinzu: »Obwohl ich verteidigungspolitischer Sprecher meiner Fraktion im Bundestag bin und mich als solcher für die Stärkung der Defensive einsetze, bin ich in puncto Fußball da ganz anderer Ansicht. Es sollte wieder mehr angegriffen, mehr geschossen, mehr nach vorn gespielt werden. Mit Geplänkel und Gemauschel kommt man nicht nur in der Politik und in der Wirtschaft, sondern auch und gerade im Fußball schnell ins Hintertreffen.«

Da schließen wir uns noch heute gerne an, wenn uns auch sonst nicht einleuchten mag, wieso eigentlich jeder noch so fahrigee Ballerkopf seinen ganz persönlichen

Beitrag zum Fußball erbringen muß. Gerne würden wir ihnen allen, von Delius über Hüsch bis zu Möllemann und den Jensens, raten, zügig zu einem Entschluß zu kommen, den leider der Falsche, nämlich Ror Wolf, bereits 1990 gefaßt hat: »Der Fall ist beendet. Das ist mein Abschied vom Fußball.«

Fußball und Wahrheit
Wie ich einmal erwachsen werden mußte

Karsten Singelmann

Ich war sieben Jahre alt, als mein Vertrauen in die kon-
sistente Einrichtung der Welt resp. darauf, daß sie auch
von allen Menschen richtig interpretiert und dargestellt
werde, erstmals und nachhaltig erschüttert wurde – und
zwar durch arglose Zeitungslektüre. Ich saß in der
Elmshorner Elternwohnung und studierte den Sportteil
der *Hamburger Morgenpost* (*Mopo*). Es war dort eine
Szene aus einem Spiel der Oberliga Nord (wir befinden
uns schätzungsweise im Dezember des Jahres 1961)
abgebildet: VfR Neumünster – VfV Hildesheim (4:1),
und die Bildunterschrift lautete ungefähr so: »Der Neu-
münsteraner Sowieso setzt sich gegen die Hildesheimer
Verteidigung durch, aber diesmal kann Torwart Gerstle
den Ball abwehren.« *Diesmal*, dieses *eine* Mal also nur
hatte der Hildesheimer Gerstle, der offenbar ein sagen-
haft schwacher Torhüter war, einen Ball (zufällig?)
gehalten. Es war mir dies eine ungemein wichtige, nämlich beruhigende, ja trostreiche Mitteilung, sollten doch
die Hildesheimer am folgenden Wochenende niemand
anderen empfangen als den HSV, dem ich seit einem
reichlichen halben Jahr aufs feierlichste zugetan war,
seit jenen legendären Europacup-Spielen gegen Burnley
und Barcelona nämlich, die im Fernsehen zu verfolgen
ich die zufällige und rare (in unserem bildungsbürger-
lich orientierten Haushalt gab's keinen Fernseher) Gelegenheit genutzt hatte. Dort war nicht nur meine Leidenschaft für den Fußball im allgemeinen und für den HSV

im besonderen geweckt worden, das tragische Ausscheiden gegen Barcelona hatte mir auch gleich demonstriert, daß ich gegen Niederlagen meines Vereins emotional nicht sonderlich gut gerüstet war. Und so mußte ich mich von Spiel zu Spiel zittern, ständig in der Furcht vor neuen Tiefschlägen lebend. Ich konnte ja nicht einschätzen, wie stark der jeweilige Gegner sein würde (in der letzten Endrunde zur Deutschen Meisterschaft hatte es ein entsetzliches 2:7 bei Borussia Dortmund gegeben, einem Verein (aus der Oberliga West), von dem ich noch nie gehört hatte und bis heute nicht gern höre). Der VfV Hildesheim aber stellte nun offensichtlich keine Gefahr für uns dar. Sollte denn ein Torwart, der gegen Neumünster nur einen Ball gehalten hatte, gegen Uwe Seeler, Charly Dörfel und Klaus Stürmer bestehen und irgend etwas ausrichten können? Lachhaft! – Der folgende Sonntag aber bescherte mir die größte anzunehmende Desillusionierung, als im Radio vom 3:0-Sieg der Hildesheimer berichtet wurde. Und diesmal war es nicht nur die Niederlage, die mich vernichtete, sondern vor allem ihre offenkundige Widersinnigkeit: Was da passiert war, paßte einfach nicht zu dem, was ich gelesen hatte und von dessen Verläßlichkeit ich absolut überzeugt gewesen war.

Inzwischen habe ich gelernt, daß man die Erfahrung, sich auf nichts verlassen zu können, als geradezu fußballspezifisch zu schätzen angehalten ist. Auch bin ich irreführender Berichterstattung nicht mehr hilflos ausgeliefert, und für den Verlust des medialen Urvertrauens kann ich mich mittels Polemik rächen. Wie es der Zufall will, darf nämlich ausgerechnet der Sportteil der *Mopo* heutzutage unzweifelhaft als der schlechteste der Welt (und aller Zeiten) gelten. Es ist dieser Sportteil von einer lückenlosen Doofheit dergestalt, daß er praktisch nichts anderes enthält als aufgeregte Skandalberichte. Jede Überschrift lautet totsicher auf »Riesenärger bei...«, »Wieder Krach bei...«, »Totales Chaos in...«, »Riesentheater«, »Eklat«. Ununterbrochen ist jemand »stinksauer« und findet »knallharte Worte«, sofern er nicht eine »gnadenlose Abrechnung« vorzieht. Ist der Leser aber so unvorsichtig, mal in einen Artikel hineinzulesen, so wird er staunend erfahren, daß Spieler Murks von seinem Trainer sage und schreibe nicht aufgestellt worden ist und sich von irgendeinem Arschreporter die brisante Stellungnahme in den Mund hat legen lassen, wonach er damit auf Dauer eventuell nicht ganz zufrieden sein möchte. Der einzige und wahre Skandal liegt aber darin, daß diese infantile Hechelei nach dem ewigen Remmidemmi sich garantiert auch noch als »kritischer (wenn nicht gar investigativer) Journalismus« versteht, wo sie doch in Wahrheit den Lärm des Betriebs nur bewußtlos verdoppelt statt ihn zu reflektieren. Ja, es dürfte sogar kaum schwerfallen, in dieser geifernden Fixiertheit auf alles, was nach Konflikt aussieht, ein vordemokratisches Gebaren auszumachen, das nicht einsehen will, daß selbst eklatante Meinungs- und Interessensverschiedenheiten unter Volljährigen nicht weiter schlimm oder auch nur bemerkenswert sind, sondern erwartbar, notwendig und normal. Daß bei diesem ganzen breitgetretenen Quark kein Platz mehr ist für Ergebnisse und Tabellen unterer Ligen, für im Fernsehen weniger vertretene Sportarten oder gar für, und jetzt bitte gut aufmerken: auf den gesellschaftlichen Zusammenhang verweisende *Hintergrundberichte*, das bedarf wohl keiner Erwähnung.

Lohnt es sich denn aber, über derartige Zumutungen in Wallung zu geraten? Ist von einer Boulevardzeitung überhaupt anderes zu erwarten? Nun, eine seit den frühen achtziger Jahren zur Verfügung stehende Argumentationsfigur erlaubt mir darzulegen, daß selbst die fiese *Bild* noch erträglicher ist, insofern sie so etwas wie Zurechnungsfähigkeit oder gar kritisches Bewußtsein o.s.ä. gar nicht erst vorspiegelt, sondern in Form von Paul Breitnerschen Pseudoanalysen (Spielervergleich!) oder Max Merkels senilen Herrenwitzen offensiv dem puren Trash-Entertainment huldigt.

Aber ach, so vergnüglich es auch ist, schlechte Sportteile niederzumachen, so sehr riecht's doch irgendwie nach Ersatzbefriedigung. Die ursprüngliche Begeisterung, die naive, atembeklemmende Freude ist verflogen und kommt nicht wieder. Und warum ist das bloß so? Weil früher halt sowieso alles besser war? Sicher, heutzutage ertappt man sich schon dabei, die Schwarz/Weiß-Übertragungen wieder sehen zu wollen, nur damit einen die blöden Trikots nicht immer so bunt ins Auge stechen. Wir wollen aber schließlich doch zugeben, daß das Problem eher auf der persönlichen Ebene liegt. Nicht nur wird man ja älter und gerät dabei naturgemäß in Gefahr, der Sache hin und wieder ein wenig überdrüssig zu werden, man sieht sich zudem vor die Zumutung gestellt, irgendwann auch mal irgendwie erwachsen werden zu sollen, was z.B. bedeutet, daß man die Prioritäten in seinem Leben anscheinend entsprechend umzuschichten hat. Spätestens wenn man nähere Beziehungen zu Frauen – und wohl gar zu solchen der klugen und kultivierten Fraktion – eingegangen ist, erweisen sich gewisse exzessive Fußballkonsumgewohnheiten als kaum mehr aufrechtzuerhalten. Der tendenziell männlicher Reife zustrebende Fußballfan (es ist hier wohl in der Tat zu 99,7% von Männern die Rede) sieht sich also vor dem Dilemma, einerseits die Bedeutung des Fußballs im Triebleben zurückdrängen zu müssen, ohne aber andererseits gleich Verrat an der eigenen Jugend begehen zu wollen. Da bleibt nichts anderes übrig als die Sublimation, d.h. man beobachtet das ganze Geschehen ein wenig distanzierter und interessiert sich jetzt mehr für den »guten Fußball«, der praktisch ja schon als kulturell wertvoll gelten kann. Zumal dann, wenn man neben dem »Schönen« auch dem »Wahren« des Fußballs auf die Spur kommt, das nämlich nicht mehr unbefragt im Sieg der Lieblingsmannschaft liegt, sondern in der gesellschaftlichen Bedeutung des Spiels an sich. Und die zu bestimmen, gibt es selbstredend mancherlei Möglichkeiten. An diesem Punkt der Persönlichkeitsentwicklung also dürften die Grundlagen für die diversen Formen des Fußball*diskurses* (als Gegensatz zum Reden des Hardcore-Fans, das eher einem magischen Beschwören gleicht) gelegt werden, die sich seit etwa zwanzig Jahren wachsender Beliebtheit erfreuen, was vermutlich wieder irgendwie mit der Postmoderne zusammenhängt – so wie die ehedem trivialen Formen Einzug in die hohe Literatur und Kunst hielten, so wurde offenbar auch der Fußball kulturell satisfaktionsfähig. Kennzeichnend für diese Diskurse ist aber in der Regel, daß sie nicht eigentlich auf den Fußball selbst zielen, sondern sein Zeichenarsenal nutzen, um einen jenseits seiner Sphäre liegenden Sinn zu explizieren. Seine ihm jetzt konzedierte »Relevanz« ist somit eine geliehene, und am höchsten fällt sie offenbar aus, wenn der Sinn »politisch« ist.

Daß die umfassende Abbildung der fußballerischen auf die politische Entwicklung geradezu wahnhafte Formen angenommen hat, ist verschiedentlich festgestellt worden. Auch sind die Widersprüche aufgedeckt, in die sich insbesondere die sog. Böttiger-Schule bei ihrem Versuch verstrickt, einen linken oder utopiegeladenen Fußball zu beschwören. Am absurdesten will mir dabei die Tatsache erscheinen, daß die von Böttiger entfaltete, nicht per se ja abwegige Angriffsspiel-Emphase, die in ihrem Gestus so hoch hinaus, auf das »ganz Andere« womöglich gar zu zielen scheint, dann eben doch einigermaßen kläglich beim alten »Willy wählen und mehr Demokratie wagen«-Konzept hängen bleibt. Ein eindeutiges Mißverhältnis von Aufwand und Ertrag!

Da sind unsere Feuilletonisten und Kunstkritiker schon anspruchsvoller, wenn sie das fußballerische Geschehen auf seine ästhetische Valenz abklopfen. Der Theaterkritiker der *Zeit*, Benjamin Henrichs, hat wiederholt den Kulturteil-Aufmacher in Anspruch genommen, um aus fußballerischem (oder Boris-Becker-) Anlaß in jenem Pathos großer Gefühle zu schwelgen, das sein eigentlicher Gegenstand offenbar niemandem mehr entlockt. Auf Dauer mag einen freilich die connaisseurshaft subtile Ironie, mit der das alles unterlegt ist, ein wenig betulich anmuten (soo gewagt ist Sport im Feuilleton doch auch nicht!). – K.H. Bohrer war es, der, bevor er die Herausgeberschaft des *Merkur* übernahm, die Formel erfand, derzufolge Netzer einst aus der Tiefe des Raumes gekommen sei, und der freilich auch als Fazit der WM '78 konstatierte, daß es damit nun endgültig ein Ende habe. Dieser Abgesang hat, wie wir heute wissen, fatale Folgen gehabt. Immerhin: Bohrer hat sich noch sehr gehütet, weinerliche Vorwürfe gegen den heraufziehenden »Angestelltenfußball« zu erheben. Dennoch stellte seine kulturphilosophische Analyse der deutschen Fußballherrlichkeit zwischen '71 und '73 (denn nur in dieser kurzen Spanne eignete ihr annähernd Bataillesche Souveränität – der 74er-WM-Sieg gehörte schon nicht mehr dazu) weniger peniblen Nacheiferern die Kategorien zur Verfügung, die diese zur Geißelung des angeblich mittelmäßigen Zuschnitts und mangelnden Willens zur Großartigkeit bei der postnetzerschen Spielergeneration nutzen konnten. – Einen weiteren Verlust (nach dem der Herrscher im Mittelfeld) hatte bald darauf auch der Kunst- und Theaterkritiker Peter Iden im *Zeit*-Feuilleton zu vermelden, und zwar den der Flügelstürmer. Im Gedächtnis ist jedoch weniger die darob erhobene »Große Klage« geblieben als vielmehr die wunderbar überschwengliche, ja rührende Eloge auf den uruguayischen Rechtsaußen Ghiggia, der in einer von Iden für die Ewigkeit festgehaltenen Aktion das entscheidende Tor bei der WM 1950 gegen Brasilien schoß. (Sehr lobenswert war auch die Umkehrung der sonst üblichen Perspektive, in der immer nur die dem Verlust des schon sichergeglaubten WM-Titels geschuldete brasilianische Selbstmordrate hervorgehoben wird. Was gäbe man nicht dafür, damals Uruguayer gewesen zu sein! Andererseits, wer macht sich einmal die Mühe, die Dimension des Entsetzens zu ermessen, das den ungarischen Fußballfreund bei der Niederlage im 54er-Endspiel befallen haben muß?) In späteren, meist italophilen WM-Kommentaren für die *Frankfurter Rundschau* wird allerdings die Beschränkung von Idens Repertoire deutlich, indem er den Fußball immer wieder nur auf den einen ekstatischen Moment verpflichtet, da ein Spieler im unvorhergesehenen Gelingen wider alle Berechenbarkeit sozusagen die Erdenschwere abstreift (und Fußball dann wirklich das gleiche ist wie Kunst). Freilich, das ist großartig, und wer liebte nicht diese Momente, aber der Alltag des Fußballs läßt sich mit ihnen resp. ihrer Beschwörung schwerlich bestreiten. Die Vorstellung einer auf Dauer gestellten Ekstase ist ja eigentlich auch nicht so schön.

Als Gegenentwurf zu allen den Fußball unterwerfenden Sinnzuschreibungen konnte man den Beitrag der Musikzeitschrift *Sounds* zur WM '82 verstehen. Der Autor Kid P (Andreas Banaski) war damals der originellste Propagandist einer stilbewußten Pop-Leidenschaft, einer an glitzernde Oberflächen gebundenen Teenie-Lust, die er gegen die Ambitionen des »Rockismus« auf Inhalt und Tiefe verteidigte. Die Einspeisung der Fußballvorgänge in den Pop-Diskurs betrieb er aber nicht auf dem Weg der Analogisierung zweier an sich getrennter Sphären, sondern beide, Pop und Fußball, verschmolzen ihm darin, daß sie als unmittelbarer Austragungsort von »Sex, Leidenschaft, Pathos, Heldentum, Korruption, Rassen- und Klassenkampf« (unser Mann war bekannt für provokative Formulierungen), vor allem aber: Sex verstanden wurden. Nur folgerichtig war, daß dieser Entsublimierungsstrategie jenes berüchtigte Zitat als Motto diente, das Max Merkel auf der Höhe seiner Unappetitlichkeit sieht: »Im Fußball ist es wie in der Liebe. Das Vorspiel ist ja ganz schön, aber rein muß er doch.« Der ganze Artikel, formal ein Sampeln von Zitaten und »Informationen« aus *Bild* und TV, war selbst ein Pop-Erzeugnis, gewissermaßen eine grandiose Maxi-Single, insofern sich aus ihm keine Methode (es sei denn um den Preis öder Wiederholungen) ableiten ließ. Banaskis Beitrag zur WM '86 (diesmal in *Spex*) war denn auch eher ein melancholischer Nachklapp, ein Remix, in dem der Spaß, der Überschwang der Originalversion durch polemische Ausfälle ersetzt wurde.

Soviel ich weiß, gibt es im deutschen Sprachraum bisher kaum eine den engen Kreis von Fanzines überschreitende Diskursivierung oder Reflexion der alltäglichen Fußball-Leidenschaft. In England scheint man da ein bißchen weiter zu sein, jedenfalls liegt dort mit »Fever Pitch« das wohl nicht zu Unrecht so bezeichnete »best football book ever written« vor. Der Autor Nick Hornby ist seit frühester Jugend ein bedingungsloser Fan von Arsenal London, und er erzählt die aus einer prekären Familiensituation entstandene Geschichte seiner Verfallenheit in all ihren bisweilen bizarr anmutenden Facetten. Es ist die Geschichte eines Jungen, der sich weigert, »erwachsen« zu werden, insofern er von der selbst kaum noch als rational empfundenen Leidenschaft für seinen Verein nicht ablassen will, auch wenn er dafür seine sämtlichen sozialen Kontakte aufs Spiel setzt. Die sich stets am konkret vergegenwärtigten Ereignis entzündende (Selbst-) Reflexion ergreift dabei sukzessive den ganzen gesellschaftlichen und kulturellen Kontext des englischen Fußballs. Daß dabei im Vorbeigehen mit einigen auch hierzulande zäh verfolgten Mythen aufgeräumt wird (Stehplatzfetischismus!), macht das Buch um so nützlicher. Hornby selbst spricht zwar häufig von »football as metaphor«, aber mir scheint, die Besonderheit seines Sprechens gegenüber den bisher angesprochenen hiesigen Diskursen liegt darin, daß er genau umgekehrt verfährt. Er berichtet eben davon, wie er sein »wirkliches« Leben immer als Metapher für den Fußball verstanden hat, wie er das, was ihm in der Familie, Schule, Uni, im Beruf zustieß, daran maß, wie es seinem Verein in der Liga erging. Offenbar hat ihn erst das Schreiben über seine Obsession in die Lage versetzt, nunmehr selbst die Verantwortung für sein Leben zu übernehmen (statt sie an Arsenal zu delegieren), ohne die emotionale Rolle, die der Fußball darin spielt, zu verleugnen oder zu beschneiden.

Hornby wohnt in Gehweite zum Arsenal-Stadion. Wir, die wir ähnlich günstige Bedingungen nicht vorfinden oder schaffen können, sind für unsere Grundversorgung auf die Fernseh-Berichterstattung angewiesen. Zu den dort heutzutage veranstalteten Zumutungen ist schon viel gesagt worden. Was ich allerdings nicht verstehe, ist der häufig zu hörende Vorwurf, *ran* sei »unkritisch« und verherrliche die Bundesliga. Wovon reden die Leute? Was soll denn bitte kritisiert werden – der Fußball an (und für) sich? Die Kleidung der Trainer? Die Farbe des Spielfeldes? Es wird doch schon genug rumgenörgelt, wenn z.B. ein Spiel 0:0 ausgegangen ist und sich der Konsument womöglich um seinen Anspruch auf Unterhaltung geprellt fühlen könnte. (Da kann man nur die unsterbliche Zurechtweisung zitieren, die der Stoke-City-Trainer Alan Durban einmal angesichts entsprechender Vorhaltungen erteilte: »If you want entertainment, go and watch clowns.«) Und jedesmal, wenn in Leverkusen die Spur einer Unstimmigkeit ruchbar geworden ist (Bernd Schuster will nicht dasselbe Klo wie Ribbeck benutzen), muß Manager Calmund sich erst in irgendein Studio wuchten, um Beckmann oder Wontorra mit souveränen Abwiegeleien das Maul zu stopfen. Nein, nein, das ist alles ganz irregeleitet. Die Wahrheit ist doch, daß ich als Fußballfan ein profundes Bedürfnis nach Affirmation habe, denn siehe, die Welt des Fußballs, sie ist im Grunde ja gut! Das Regelwerk ist wohlgetan, und die da in ihm rumpfuschen wollen (größere Tore! weniger Spieler! weniger Schwerkraft!), sollen verflucht sein in Grund und Boden. Und wenn es denn gegenwärtig eine Art Krise des Spiels gibt, so nur, weil die Regeln immer dreister und besinnungsloser zur Disposition gestellt werden. Sehr sehr wünschenswert wäre es daher, eine breite Öffentlichkeit wieder für die Bedeutung der Regeln zu sensibilisieren, ihr insbesondere die unmißverständlich kodifizierte Verwerflichkeit des (taktischen) Foulspiels zu vermitteln (»So da einer nicht abläßt, seinen Nächsten am Trikot zu zerren, so soll er in Schande vom Platz gehen müssen.«)!

Es ist darauf zu achten, daß das Spiel als solches funktioniert und seine spezifischen Qualitäten bewahrt, was u.a. auch heißt, daß man nicht versucht, Fußball den amerikanischen Sportarten anzugleichen – nicht weil diese des Teufels wären, sondern weil sie *anders* funktionieren. Weitergehende »inhaltliche« Festlegungen, etwa die Forderung nach attraktiver Spielweise, sind bloß voluntaristisch! Nicht wichtigtuerische Kritik ist es also, was wir brauchen, sondern hin und wieder ein wenig Trost. Darauf freilich sind die Fernsehmacher am allerwenigsten eingerichtet. In meinem ganzen Fernseh- leben ist mir nur ein Sportjournalist begegnet, dem ich mich rückhaltlos anvertrauen durfte. Das war der große und heute wohl längst vergessene Helmut Poppen, ehe- dem Sportchef bei Radio Bremen als Vorgänger von Wontorra (und, so fürchte ich, abgesägt von der Wer- der-Connection unter Führung von Willi Lemke! Ha! Wer hat uns verraten...?). Er tauchte nicht gar zu häufig auf dem Bildschirm oder hinter dem Mikro auf, verfehlte dann aber niemals, mit der ihm eigenen Aura leicht melancholischer Überqualifiziertheit alle aufgetretene Unbill sanft in die Schranken zu weisen. Während der Live-Übertragung irgendeines Werder-Spiels war es, da er, in unverbrüchlich humaner Gesinnung, angesichts eines in Richtung Eckfahne verendenden Torschusses konzedierte: »Das ... äh ... ist mir auch schon passiert.«

»Der Schiedsrichter läßt weiterspielen.
Die Behandlung scheint länger zu dauern.«

Eine Wette mit Harry
Als Jens Nowotny auf rechts verhungerte

Fanny Müller

Ich habe Spanisch gelernt, ich habe Doppelkopf gelernt, ich habe Blätterteig gelernt. Da wäre es ja gelacht, wenn ich 1995 nicht Fußballgucken lernen könnte. Außerdem habe ich gegen Harry eine Wette verloren. Versprochen ist versprochen.

Natürlich wieder auf den letzten Drücker. Zweiter Adventssamstag. Sat1 *ran*. Gleich 18 Uhr. Bier. Bier muß man dazu trinken. Wo habe ich denn, wo ist denn der – hier! Gott, ist das kalt. Hätte ich vielleicht doch lieber den Rumtopf anbrechen... was sagt der da?

Herbstmeister, den es gar nicht gibt.

Huch.

Karlsruher SC gegen VFB Stuttgart. Advent, Advent, mal sehn, was brennt. Elber, Bobic, Latte, Eins, Dahlmann. Erste Chance vereitelt durch... Der Wirkungskreis muß eingeschränkt werden. Hinein für unsere Stuttgarter. 12. Tor, Bogen Nr. 2 über den Torwart hinweg.

Bogen? 12 Tore? Quatsch! Das hätte ich aber gesehen! Ich bin doch nicht...

Bobic, der vor allem von rechts ein gutes Spiel machte. Ball poppelt gegen das Außennetz. Jens Nowotny auf rechts verhungerte.

Ach was? – Fällt mir ein, Chips, wo sind eigentlich die Chips...

Bewertete ... als russische Schwalbe, als Scheibenwischer.

Genau! Die haben sie mir gestern verbogen, die

Schweine, was das wieder kostet! Auf der Wache haben sie mich auch behandelt wie...

Schiedsrichter streichelt Axel Kruse den Popo.

Gott bewahre!

Der ist aber verheiratet.

Macht ja nichts. A Popo, Petra heiratet nächste Woche, wegen der Steuern. Was ein Blödsinn, haben die Kinder auch so großgekriegt. Die Kinder sagen auch, warum willst du den heiraten, außerdem weiß ich kein Geschenk...

Sitzfußball.

Das weiß ich jetzt aber ganz genau, das gab es früher nicht, wie Harry noch 4. Herren Stade gespielt hat. Kopffußball war auch verbo...

Beinschuß im Sitzen, und drin ist er. Sein Axelchen hatte das Tor gemacht. Weiter im Sitzen auf dem gestreichelten Popo.

Wahnsinn.

Zurück zu, vorbei an, und Handspiel. Die Hand war da, wo sie am besten nicht hingehört.

Kenn ich. Hände, die wo sind, wo sie nicht hingehören, na! Da hab ich letztens erst Terror gemacht, als... was jetzt? Ach so, neues Spiel.

Kaiserslautern gegen Leverkusen. Da Costa, Jürgen Rische. Nach dieser Ecke wieder Jürgen Rische. Schaumama. Sergio auf Kirsten.

Kirsten! Die ruft mich neulich an, ob es mir was ausmacht, wenn sie mal mit Harry... die Schnalle. Der hab ich vielleicht...

Schaumanomma. Schön gemacht auf Kuka. Manndecker gegen Kirsten. Rauen in die Zange genommen.

Fällt mir ein, Harry habe ich auch in die Zange genommen. Eine Frau sieht rot. Haha.

Glück für Harrison. Er sah nur Geld.

Geld? – Ach, gelb. Jetzt neues Bier holen, bevor wer? – Schalke 04 gegen SV Werder Bremen, aha.

Ohne Moos nix los, mit Mos auch nix los. ... fehlte wegen der 5. Gelben. Schalke hatte größtes Pech bei Pfosten- und Lattentreffern. Konstruktiv, aber ideenlos. Bremen:

Viererabwehrkette und kompaktes Mittelfeld.

Soso. Kompaktes Mittelfeld. Aber jetzt mal ehrlich: Was habe ich eigentlich mit Fußball am Hut? Mal abgesehen von der Braut von Charly Dörfel, die Mutter immer die Haare gemacht hat. Das muß ja übrigens ein reizendes Paar gewesen sein. Sie interessierte sich nicht für Fußball und er sich nicht für...

Martin Max Tor. Beiersdorfer dreht sich weg. Bremen: Druck, wenn überhaupt, dann nur... nicht im Abseits.

Abseits! Das ist bekannt, daß das keiner erklären kann, wo das eigentlich immer ist.

Wich auf die Flügel aus.

Dito.

Ganz kurz aufgelegt und dann ... verlängert auf Wladimir, der schaltet den Turbo ein. Bremen seit 17 Jahren nicht mehr so schlecht in der Hinrunde.

Wenn er's sagt! – Jetzt Reklame. Schnell aufs Klo. Fällt mir ein, Maike, die hat ja damals den Töchtern von Uwe Seeler das Blockflötenspielen beigebracht. Man hat doch immer mehr Beziehungen zum Fußball, als man anfangs denkt.

Mönchengladbach gegen München 1860. Spiel der Löwen in weiß. Meier auf dem falschen Fuß. Abtastphase schon nach Minuten beendet. Es ging zur Sache. Nach sechs Minuten.

Wie Lisa immer sagt: Ich finde, die fünf Minuten müssen sein, haha.

Es roch gewaltig nach Hand.

Kraß.

Wie Maria Stuart. Schön, aber unsittlich.

Der meint wohl Madonna. Oder Maria Schell. Die soll ja auch...

Abseits. Die Latte. Zum zweiten Mal Ritter der glücklosen Sechziger. Pflipsen, weg ist die Kugel.

Da meint er jetzt den Fußball mit, langsam blicke ich doch durch, jawohl. Prost.

Winkler, Lesniak, die Lunge auf Kurs, gleich wieder Vollgas. Einsatz pur. Sternkopf Fehler. Lesniak gegen Klinkert. Ja. Tor. Nein. Ins Netz. Mist.

Telegrammstil gefällt. Deine Rede sei jaja, neinnein, alles darüber hinaus von Übel.

Gladbach stürmte mit Mann und Maus.

Normal geht man mit Mann und Maus unter, Blödmann.

73. Minute, drittes Tor. Der Abschluß. Der Schuß ins Glück. Ein Manndecker wird nicht ernst genommen, bis er Ernst macht.

Ein was? – Jetzt Fortuna Düsseldorf gegen Bayern München. Bayern war doch eben schon. Aha, die haben andere Turnhosen angezogen. Schlau. Schnell noch ein Bier holen.

Die erste große Tat, ein Riesenreflex von dem Neuling. Der Mann wurde warmgeschossen ... abheben in perfekter Haltung. Ziege rückt auf Strunz. Otto reagiert mit ganz entspannter Gesichtshaltung.

Ziege? Strunz? Gesichtshaltung?

Distanzschüsse aus allen Lagen. Ein strammer Schuß. Draufhalten, was das Zeug hält. Meistens ging es über die rechte Seite. Kostadinov war heute Costa Brava.

Bravo. Beim Mann heißt das bravo!

In der letzten Minute, Bayern im Kombinationsrausch. Satte Portion Glückseligkeit bei Mike Probst.

Der arbeitet in der EDV-Abteilung und muß Montag wieder hin, sagt er. So sieht der auch aus. Jetzt SC Freiburg gegen Borussia Dortmund.

Schlüpfrige Frage: Leder oder Nocken.

Salzburger Nocken, Salzburger Nocken... das letzte Bier war nicht ganz einwandfrei, ein ganz kleiner Schluck Rumtopf könnte...

Nach fünf Minuten in Schwierigkeiten. Dortmund von einer Verlegenheit in die andere. Glänzend die Vorarbeit von Freiburgs Kanzler.

Waswaswas? Der kommt doch aus...

Zweite Halbzeit. Drin isser. 1:0 für Dortmund. So ungerecht kann Fußball sein. Ecke Freiburg.

Ecke weiß ich. Das ist so 'ne Ecke vom Spielfeld neben dem Tor, und von da aus müssen sie dann... Fällt mir ein, Ekki wird nächstes Jahr 50. Feiert in der Toscana.

Du liebe Güte.

Stefan Klos, Dortmunds Bester. Ralf Kohl, einer der besten Freiburger ohne Fortune.

Doch der! – Ist es denn zu glauben? Heißt der nicht aber...

Martin Kree, ein Befreiungsschlag auf den... Das Freiburger Tor war verwaist. Was macht Kutowski? Er schießt vorbei.

Logisch! Kutowski! Logisch schießt der vorbei! Haha. – Nicht logisch? Dann eben nicht, ich mein ja bloß...

Interview mit Andreas Möller: *»Aufgrund der Konterschangsen hätten wir den Sack wieder zumachen können.«*

Welche Chancen? Welcher Sack? Fällt mir ein, morgen muß ich Harry alles berichten. Wartma: Manndecker gegen Mittelfeld im Abseits ohne Fortuna im... sag ma schnell... im Dings – ich pack's nich, ich pack's nich. Oh Gott. – Was? Wer ist denn der da? Uwe Seeler! Ich werd nich mehr. – Wollmasagn, das Einfachste ist, ich mach mit Harry Schluß.

Ein Mensch wie du und ich
Im Berliner Olympiastadion

Wiglaf Droste

Wer das Fußballspiel liebt – die Betonung liegt auf Spiel –, der muß, wenn er nicht erleuchtet über allem schwebt, folgerichtig Haß entwickeln auf die Hämorrhoiden des Sports, auf die Kommentatoren des Grauens, auf Buben wie Rubenbauer und Wontorra. Weil aber jeder Schaden auch seinen Nutzen hat, haben selbst diese Landplagen ihr Gutes: Man flieht den Fernsehkasten und begibt sich direkt auf den Platz.

Als Insasse Berlins ist man dabei für gewöhnlich geprellt, denn Fußball wird in der Hauptstadt allein von auswärtigen Besuchern gespielt, weshalb in diesem seltenen Fall dann auch gleich Ausnahmezustand herrscht: Bei der U-Bahn-Reise zum Olympiastadion zeigt der Mitmensch die bizarre Neigung, seinen warmblütig dünstenden Leib an anderen zu reiben, und hält es für eine gute Idee oder sogar für den Ausdruck eines Gedankens, zu Klumpen geballt »Deutschland! Deutschland!« (immer mit Ausrufezeichen) zu brüllen. Das einzig Tröstliche an diesem Triumph der Dumpf- und Stumpfheit ist, daß das Geblök eher wie »Doischl!« klingt oder wie »Öllwöll! Öllwöll!«, und so stimmt es dann ja auch.

Das Berliner Olympiastadion ist für Leute gebaut worden, die gerne den rechten Arm heben und »Sieg!« schreien, weshalb man es 1945 besser abgerissen hätte (aber auch 50 Jahre später ist es noch nicht zu spät dazu). Zunächst aber steht am 15. November 1995 ein

Olaf Berger – halb Dieter Bohlen, halb Matthias Reim –
auf dem Rasen und gibt ein Schmierlappen-Playback
des kreischtauglichen Liedes »Berlin, wir fahren nach
Berlin«, damit man auch nicht vergißt, daß man in einer
Dürrezone lebt, hirntechnisch gesehen. Anschließend
spielen grün und blau Uniformierte die bulgarische und
die deutsche Nationalhymne; bei der deutschen singen
junge, fit for fun and democracy wirkende Männer die
erste Strophe: »Öllwöll, Öllwöll über alles ... Maas ...
Memel ... Etsch ... Belt«, weil sie das gut finden; später
machen ihre Artgenossen einen Bomberjacken- und
Glatzenblock weiter die Hitlergrußauguste.

Dagegen aber wird in der Pause die Ultima ratio des
doitschen Folliks aufgeboten: Als »Kaiser's Kaffee«-
Kännchen Verkleidete wanken herum, »Willi, der ›Wis-
sol‹-Clown« läßt Weingummitütchen in die Menge
schleudern, die sich auch brav unwürdig darum keilt,
und für ihren Höhepunkt haben die Päderasten vom
DFB etwas ganz Besonderes ausgeheckt: 200 leichtbe-
kleidete Kinder schleppen und schwenken Fahnen und
tun dies ausdrücklich »gegen Ausländerfeindlichkeit
und Fremdenhaß«; man muß es dazusagen, sonst wüßte
es keiner, und das wäre ja schade. Der Stadionsprecher
aber kann noch besser und begeistert sich in die völlige
Umnachtung hinein: »Mein Freund ist Ausländer – ein
Mensch wie du und ich«, doch, tatsächlich, das bringt er
fertig: »Ein Mensch wie du und ich«, was soviel heißt wie
das »Behinderte sind auch Menschen« der »Aktion Sor-
genkind«, die ihre »Schützlinge«, wie man dann herab-
würdigend geheißen wird, bis zur Demenz befürsorgt,
»ein Mensch wie du und ich«, denn so und nur so lieben
die Deutschen ihre Minderheiten: handzahm, doof, aber
lieb – Streicheltierchen, denen man, weil die Kehrseite
der Brutalität die Sentimentalität ist, bei Gelegenheit
auch zeigen kann, wer hier den Daumen drauf hat, und
die gefälligst Dankbarkeit zu zeigen haben dafür, daß
man sie nicht euthanasiert oder abfackelt, was ja eigentlich, bei Lichte besehen, doch für alle die beste Lösung...
– all das meint der Mann, selbst, wenn er's gar nicht

weiß, als er, berauscht von seinem eigenen Gutsein, »ein Mensch wie du und ich« ins Mikrophon hinein- und in die Welt hinausschmettert, und alles, alles kann ich mir vorstellen zu sein, Krüppel der beißt, Mann der bescheißt, vielleicht sogar, als Spätfolge eines BAP- oder Roger Whittaker-Konzerts, ein Skinhead, und vielleicht sogar »ein Mensch wie du und ich«, aber eins dann doch nicht: eine sich selbst salbende Kartoffel wie er.

»Hier ist noch mal die Grotenburg.
Das Spiel ist jetzt bereits seit vier Stunden
und 45 Minuten vorbei.
Ich gebe zurück in die angeschlossenen Funkhäuser.«

Die Autoren:

Bernd Dittrich, geboren 1960, lebt in Jena.

Wiglaf Droste, geboren 1961, lebt als Schriftsteller und Gelegenheitssänger in Berlin. Letzte Buchveröffentlichung: »Brot und Gürtelrosen«, Tiamat, Berlin 1995.

Fritz Eckenga, geboren 1955, lebt in Dortmund, ist freier Autor und Bühnenkünstler.

Gerhard Fischer, geboren 1963, ist Redakteur der Zeitschrift *Die Beute*.

Susanne Fischer, geboren 1960, lebt als Autorin und Literaturwissenschaftlerin in Hohne. Mitarbeiterin der Arno Schmidt Stiftung. Buchveröffentlichung: »Kauft keine Frauen aus Bodenhaltung«, Weisser Stein, Greiz 1995.

Achim Greser, geboren 1961, ist seit 1986 Mitglied der *Titanic*-Redaktion und lebt in Kahl am Main. Letzte Buchveröffentlichung (zus. mit Heribert Lenz und Hans Zippert): »Ein Bier geht um die Welt«, Elefanten Press, Berlin 1995.

Thomas Gsella, geboren 1958, ist seit 1992 Redakteur der *Titanic*. Veröffentlichungen in Büchern, Zeitungen, im Radio und Fernsehen.

Albert Hefele, geboren 1951, lebt und arbeitet im Allgäu. Broterwerb: Arbeitstherapeut. Schreibt für *Titanic, taz, Süddeutsche Zeitung* und das Radio. Buchveröffentlichung (zus. mit Achim Greser): »Hannelore, Helmut und die Bubb'm«, Lappan, Oldenburg 1994.

Eckhard Henscheid, geboren 1943, ist freier Schriftsteller, lebt in Amberg und Frankfurt/Main. Letzte Buchveröffentlichung: »Welche Tiere und warum das Himmelreich erlangen können«, Reclam, Stuttgart 1995.

Gerhard Henschel, geboren 1962, ist freier Autor. Letzte Buchveröffentlichung: »Lesen ist Essen auf Rädern im Kopf«, Weisser Stein, Greiz 1995.

Knud Kohr, geboren 1966, lebt als freier Autor in Berlin. Buchveröffentlichungen: »Die Beichte des pflichtversicherten Bohemiens«, 1992, »Imbiß der Woche«, Verlag 8. Mai, Berlin 1996.

Martin Krauß, geboren 1964, lebt in Berlin und ist Sportredakteur der Tageszeitung *junge Welt*. Von 1992 bis 1994 Herausgeber der *Sportkritik*.

Heribert Lenz, geboren 1958, lebt in Frankfurt/Main und ist seit 1988 Mitglied der *Titanic*-Redaktion. Letzte Buchveröffentlichung (zus. mit Thomas Gsella und Jürgen Roth): »So werde ich Heribert Faßbender«, Klartext, Essen 1995.

René Martens, geboren 1964, lebt als freier Autor in Hamburg.

Fanny Müller, geboren 1941, lebt als freie Autorin in Hamburg. Letzte Buchveröffentlichung: »Mein Keks gehört mir«, Weisser Stein, Greiz 1994.

Dietrich zur Nedden, geboren 1961, lebt als freier Autor in Hannover. Hat das Buch herausgegeben: »Das Freiburg-Fieber. Ein Lesebuch zum SC Freiburg«, Georg Simader, Frankfurt/Main 1995.

Thomas Roth, geboren 1971, studiert Geschichte, Soziologie und Geographie in Bonn.

Michael Rudolf, geboren 1961, lebt und arbeitet als freier Autor in Greiz.

Felix Schwadorf, geboren 1965, arbeitet als Sportredakteur bei der Tageszeitung *junge Welt*.

Karsten Singelmann, geboren 1954, ist Übersetzer in Hohne.

Kay Sokolowsky, geboren 1963, lebt und arbeitet als freier Journalist in Hamburg.

Michael Streck, geboren 1964, lebt in Hamburg und arbeitet bei *Sports*.

Johannes Taubert, geboren 1955, arbeitet als freier Journalist und lebt in Hamburg.

Norbert Thomma, geboren 1951, lebt in Berlin und war z.Zt. der Niederschrift Chefredakteur der *taz*.

Fritz Tietz lebt als freier Autor in Hamburg. Buchveröffentlichung: »Und drinnen spielt ein Mongoloidenkapellchen«, Weisser Stein, Greiz 1995.

Peter Unfried, geboren 1963, ist Redakteur bei der *taz*.

Klaus Walter, geboren 1955, lebt in Offenbach/Main und ist Musikjournalist.

Rayk Wieland, geboren 1965, ist Redakteur bei *konkret*.

Günther Willen, geboren 1954, lebt und arbeitet in Oldenburg. Ehemals Redakteur bei *Kowalski*. Letzte Buchveröffentlichung (zus. mit Gerhard Henschel): »Drin oder Linie?«, Reclam, Leipzig 1996.

Aus der Reihe Critica Diabolis